Mon
premier livre
de questions-réponses

avec le stylo électronique BipPen

Mon
premier livre
de questions-réponses

4/7 ans

Mode d'emploi du stylo BipPen

Le stylo électronique BipPen permet de vérifier ses réponses aux jeux. Il suffit de le pointer bien droit sur les pastilles d'encre noire.

Lorsque le stylo émet un son triste (biiip) et une lumière rouge, il indique une mauvaise réponse. ●

Lorsque le stylo émet un son joyeux (bip bip bip) et une lumière verte, il indique une bonne réponse. ●

Dans certains jeux, la bonne réponse doit être choisie parmi différents symboles. Dans l'exemple ci-dessous, il faut associer les objets deux par deux.

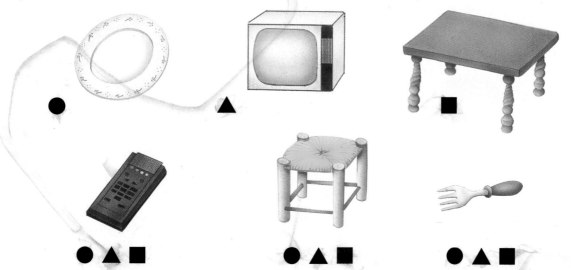

Ainsi, pour associer l'assiette et la fourchette, il faut appuyer sur le ● placé sous la fourchette puisque c'est le symbole de l'assiette ; pour associer la télévision et la télécommande, il faut appuyer sur le ▲ qui se trouve sous la télécommande et pour associer la table et le tabouret, il faut appuyer sur le ■ placé sous le tabouret.

Le c🙂rps humain
et
la n🙂urriture

Repère les 4 fruits qui proviennent des pays chauds.

pomme

noisettes

raisin

poire

ananas

kiwi

avocat

pêche

mangue

banane

La souris range le chocolat dans des boîtes. Elle met un carré de chocolat dans chaque casier. Aura-t-elle assez de boîtes ?

oui ● non ■

Pierrot raffole des fruits. Après avoir bien regardé les deux plats, tu diras combien de fruits il a déjà mangés.

3 ● 4 ● 5 ●

Les plantes jouent un rôle très important dans l'alimentation de l'homme. Qu'est-ce qu'on mange cru (●), cuit (▲) et sous les deux formes (■) ?

On fabrique la farine à partir des graines de céréales. Découvre les trois céréales représentées.

D'où vient chaque boisson ?

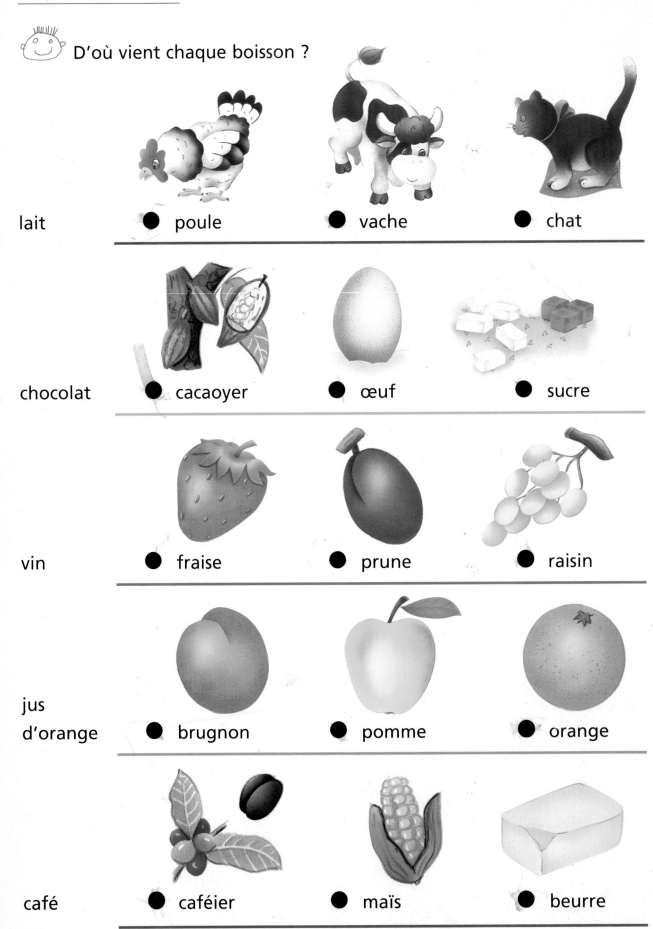

lait   ● poule   ● vache   ● chat

chocolat   ● cacaoyer   ● œuf   ● sucre

vin   ● fraise   ● prune   ● raisin

jus d'orange   ● brugnon   ● pomme   ● orange

café   ● caféier   ● maïs   ● beurre

Repère les visages avec plus de 10 taches de rousseur. Il y en a
4 en tout.

De quelle couleur sont les aliments ?
Dans chaque colonne du tableau, pointe sur la bonne case.

Montre le pot de confiture qui est...

en haut   en bas   au milieu

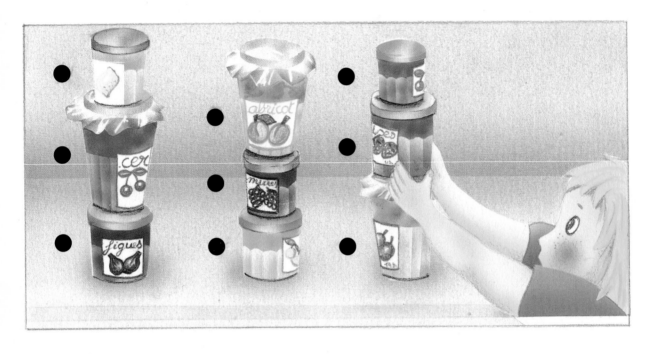

 Quand chaque enfant aura pêché un bonbon, combien en restera-t-il ?

Découvre les 3 fruits qui ne poussent pas sur un arbre.

Les aliments ont des goûts différents. Il existe quatre saveurs de base : le salé, le sucré, l'amer et l'acide. Tous ces aliments ont la même saveur, sauf un. Lequel ?

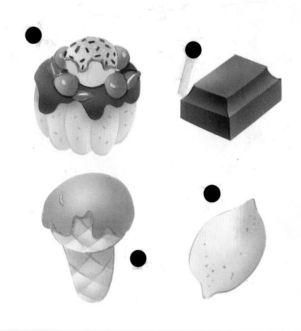

Quand on est malade, c'est parfois parce que l'on a attrapé un virus ou des microbes. Ce sont de minuscules organismes invisibles qui pénètrent dans le corps. Pour se débarrasser d'eux, il faut en général prendre des médicaments. Quel mot ne désigne pas une maladie ?

grippe ●
otite ▲
estomac ■

Pour rester en bonne santé, il faut faire des exercices physiques, du sport. Associe chaque accessoire au sport qui convient.

13

Associe un accessoire à une partie du corps.

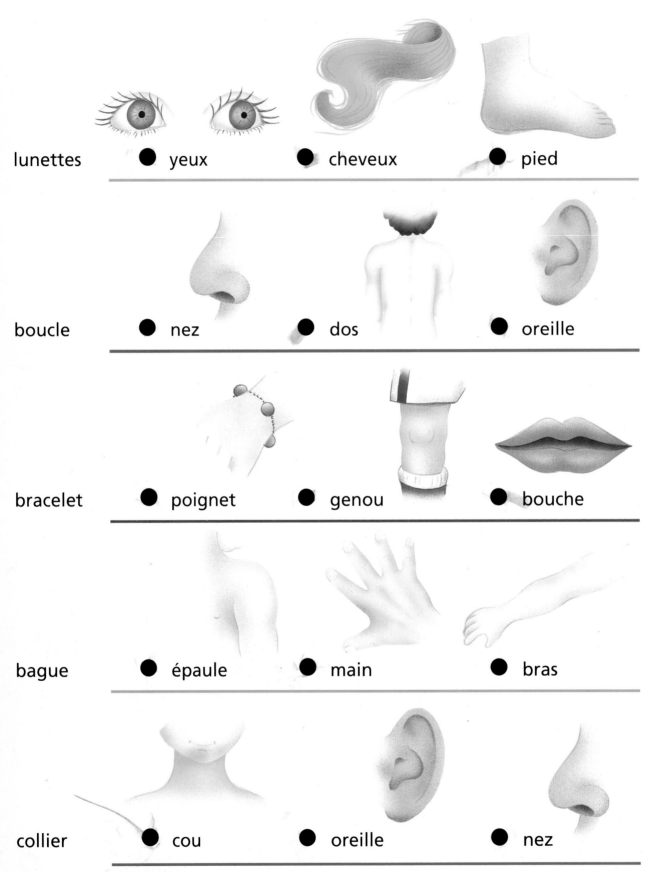

lunettes   ●   yeux   ●   cheveux   ●   pied

boucle   ●   nez   ●   dos   ●   oreille

bracelet   ●   poignet   ●   genou   ●   bouche

bague   ●   épaule   ●   main   ●   bras

collier   ●   cou   ●   oreille   ●   nez

Quels sont les 5 fruits sauvages comestibles ?

A. ● châtaigne

B. ● chèvrefeuille des bois

C. ● myrtille

D. ● noisette

E. ● fraise des bois

F. ● houx

G. ● mûre

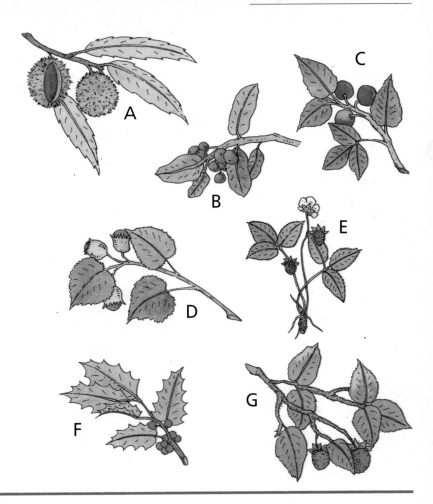

On boit le lait de tous ces animaux, à l'exception d'un seul. Lequel ?

A. ● chèvre

B. ● vache

C. ● lapine

D. ● bufflonne

E. ● chamelle

F. ● ânesse

G. ● brebis

Avec le lait de quel animal fait-on du fromage ? Il y a 3 bonnes réponses.

A. ● vache

B. ● brebis

C. ● marmotte

D. ● bouquetin

E. ● chèvre

Retrouve ce qui se porte à gauche et ce qui se porte à droite sur notre corps en pointant la flèche correspondante.

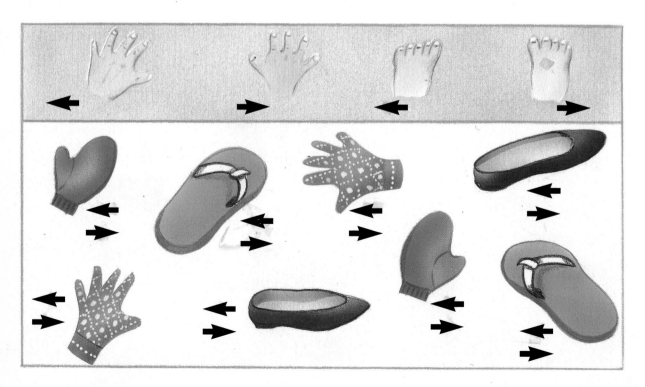

16

Associe un vêtement à une partie du corps.

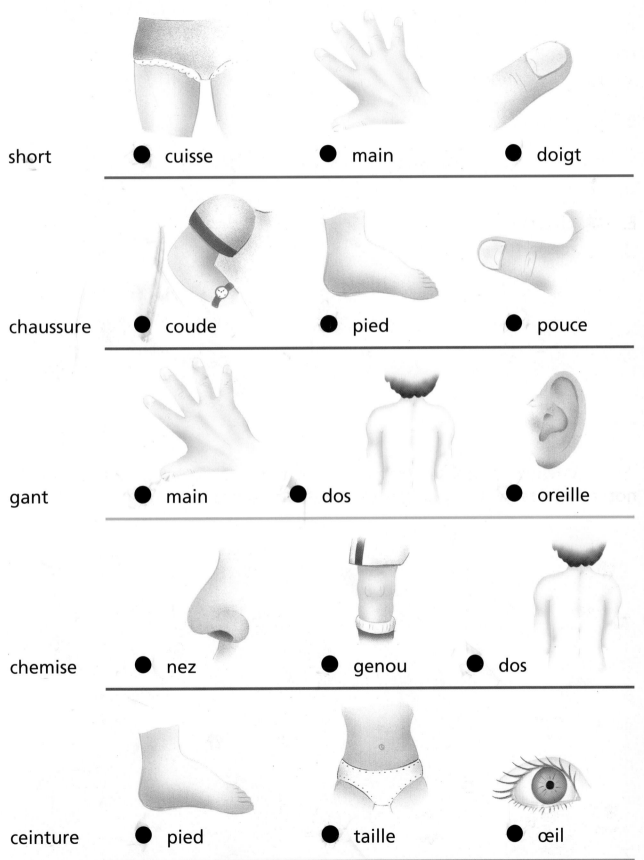

short   ● cuisse   ● main   ● doigt

chaussure   ● coude   ● pied   ● pouce

gant   ● main   ● dos   ● oreille

chemise   ● nez   ● genou   ● dos

ceinture   ● pied   ● taille   ● œil

Le corps humain est composé de 206 os. Ils sont reliés entre eux par les articulations qui permettent aux membres de bouger les uns par rapport aux autres. Ainsi le coude permet de plier le bras, la cheville de plier le pied. Quel est le mot qui ne désigne pas une articulation ?

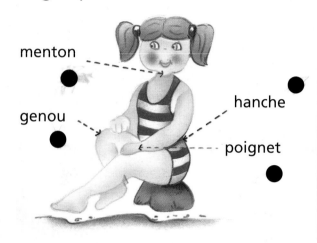

menton

genou

hanche

poignet

Le cœur est le muscle qui envoie le sang dans tout le corps, ce qui nous permet de vivre. Avec quel instrument le docteur peut-il entendre les battements du cœur ?

thermomètre

seringue

microscope

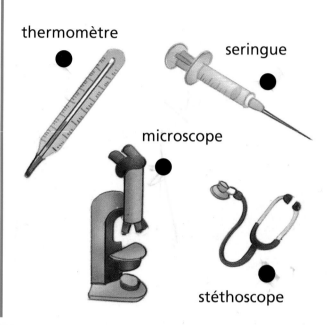

stéthoscope

Quels sont les 3 aliments faits avec du lait ?

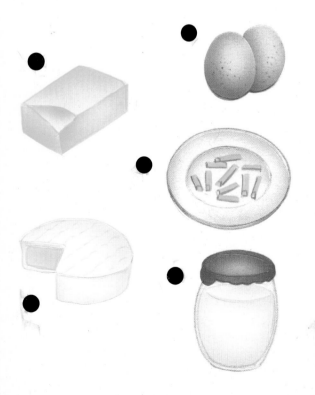

Retrouve les 2 aliments qui sont dangereux pour la santé.

Le petit garçon porte un pantalon vert, un pull-over bleu et des chaussures rouges. Dans le tableau, pointe les 3 pastilles carrées qui correspondent à ses vêtements.

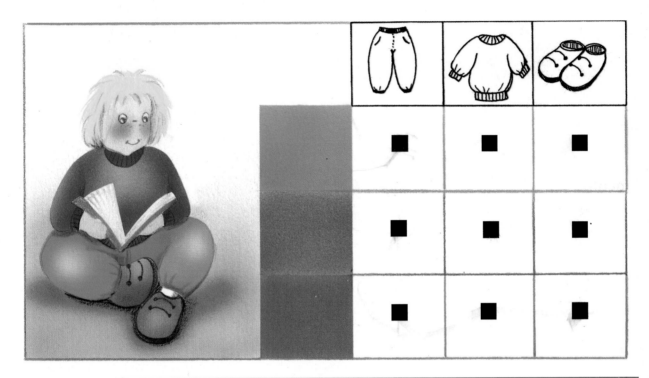

Retrouve les légumes (dessinés en noir et blanc) qui sont en réalité de la même couleur. Il y a 3 bonnes réponses.

Quelle est cette même couleur ?

rose ●

vert ●

bleu ●

Retrouve quels arbres donnent des fruits comestibles. Il y a 3 bonnes réponses.

A. ● chêne

B. ● pommier

C. ● oranger

D. ● noyer

E. ● sapin

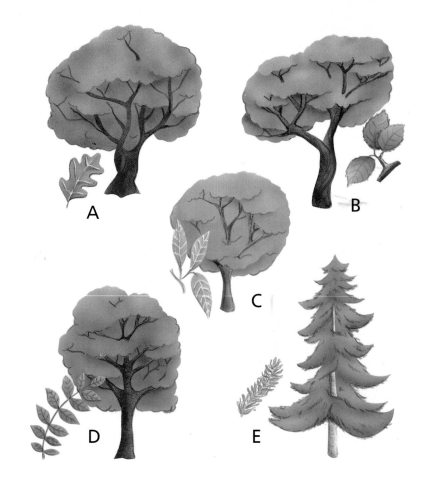

Observe bien les gâteaux dans la vitrine de la pâtisserie puis retrouve ceux qui sont en nombre égal. Il y a 2 bonnes réponses.

Le sucre que nous mangeons vient soit de la betterave, grosse racine ronde et blanche qui pousse dans la terre, soit de la canne à sucre, plante dotée de grandes feuilles qui pousse dans les pays chauds. Quels sont les 3 aliments qui contiennent du sucre ?

Un des principaux constituants des globules rouges est l'hémoglobine, qui se forme à partir :

du fer ●
de l'eau ▲
de la bile ■

Les hémisphères du cerveau commandent chaque moitié du corps de manière croisée : l'hémisphère gauche commande la moitié droite. Ils ne sont pas strictement identiques ; pour la majorité des individus, celui qui domine est :

le droit ●
les deux ▲
le gauche ■

Comme tous les sodas, la limonade est une boisson très sucrée. Elle est fabriquée à partir d'extraits naturels de :

menthe ●
citron ▲
raisin ■

La bière est une boisson fabriquée à partir d'une plante, le houblon, et d'une céréale, l'orge. Cette boisson contient :

de l'alcool ●
de l'eau minérale ▲
du vin ■

Les champignons comestibles peuvent être ramassés dans la nature, mais plusieurs espèces sont cultivées. Dans la nature, les champignons préfèrent les endroits frais et :

secs ●
humides ▲
chauds ■

Repère l'intrus dans chaque catégorie.

● pomme   ● brugnon   ● poire   ● artichaut

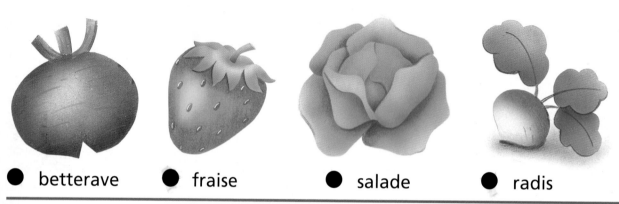

● betterave   ● fraise   ● salade   ● radis

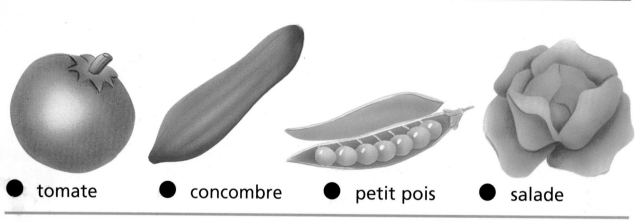

● tomate   ● concombre   ● petit pois   ● salade

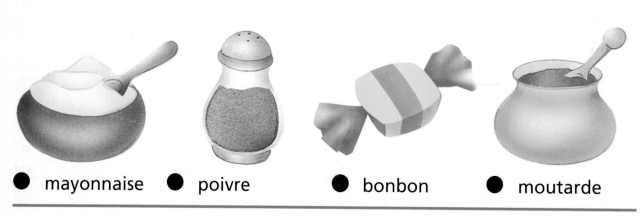

● mayonnaise   ● poivre   ● bonbon   ● moutarde

Combien de boîtes de chocolat peut-on remplir selon le modèle présenté ?

0 ●

1 ●

2 ●

3 ●

4 ●

Combien de paires de chaussettes assorties sont accrochées sur la corde à linge ?

0 ●

1 ●

2 ●

3 ●

4 ●

5 ●

6 ●

7 ●

Quel mot désigne l'image ?

- pêche
- orange

- banane
- abricot

- groseille
- raisin

- poire
- prune

- pomme
- fraise

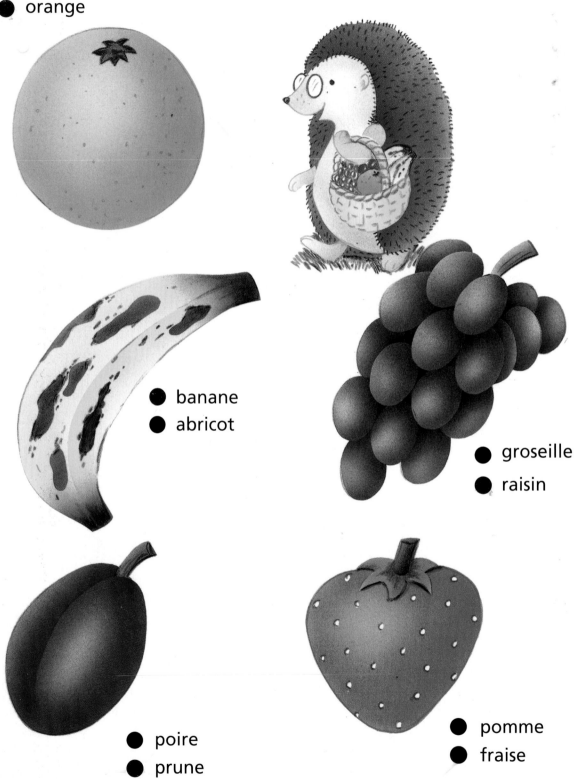

Quelles activités sont bonnes pour la santé (●) et lesquelles ne le sont pas (■) ?

A. ● ■

B. ● ■

C. ● ■

D. ● ■

E. ● ■

F. ● ■

Retrouve le détail qui n'est pas tiré de l'image.

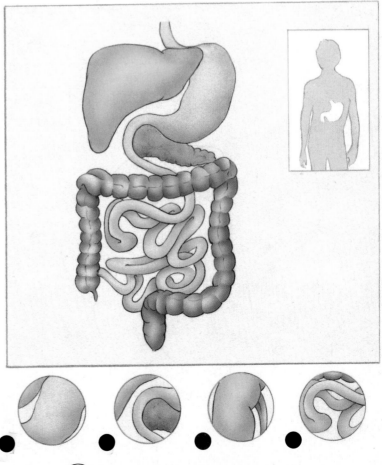

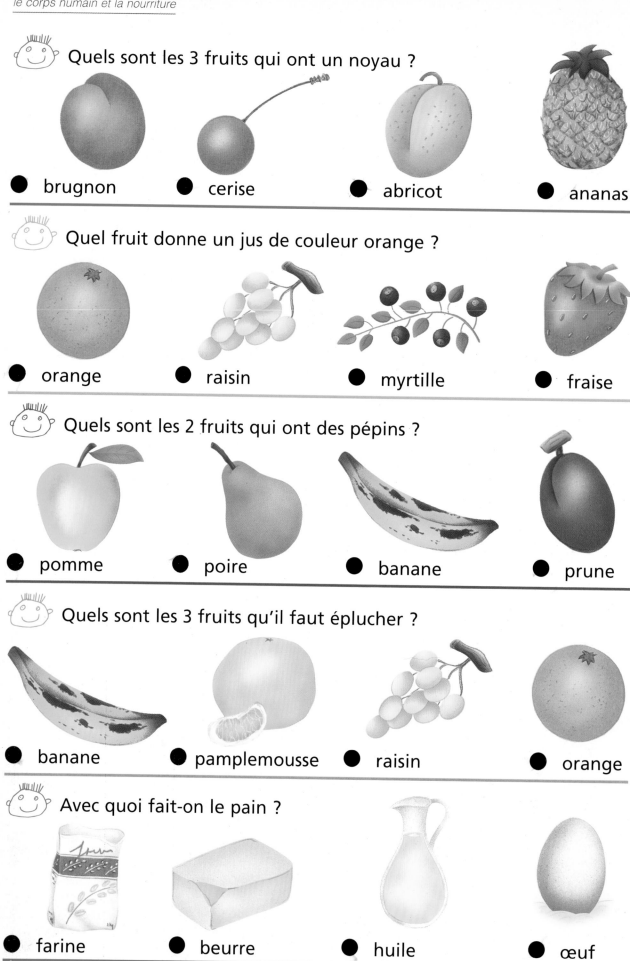

Quels sont les 3 fruits qui ont un noyau ?

● brugnon   ● cerise   ● abricot   ● ananas

Quel fruit donne un jus de couleur orange ?

● orange   ● raisin   ● myrtille   ● fraise

Quels sont les 2 fruits qui ont des pépins ?

● pomme   ● poire   ● banane   ● prune

Quels sont les 3 fruits qu'il faut éplucher ?

● banane   ● pamplemousse   ● raisin   ● orange

Avec quoi fait-on le pain ?

● farine   ● beurre   ● huile   ● œuf

Découvre les 2 organes que tu utilises pour respirer.

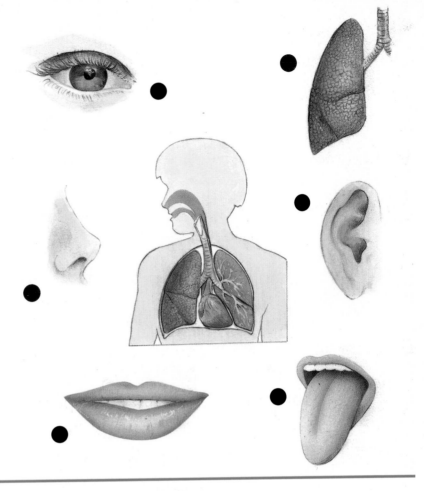

Retrouve l'appareil qui a servi à prendre chaque image en pointant le bon symbole.

A. loupe
   ● ▲ ■ ★

B. microscope
   ● ▲ ■ ★

C. appareil de radio
   ● ▲ ■ ★

D. scanner
   ● ▲ ■ ★

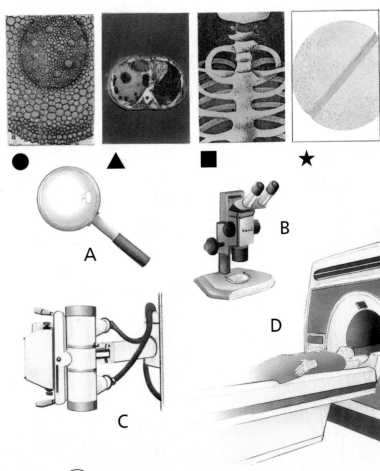

Observe bien le laboratoire puis désigne ce que tu as vu. Il y a 5 bonnes réponses.

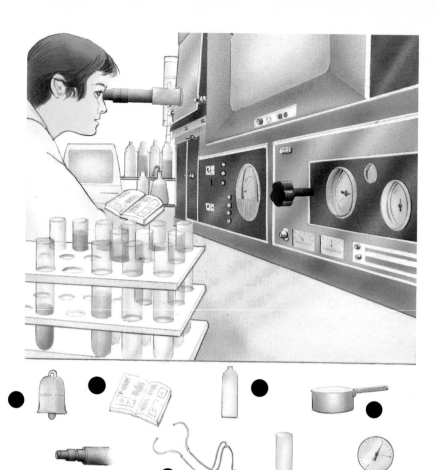

Parmi ces images, retrouve celles qui sont identiques. Il y a 2 bonnes réponses.

Pour manger à l'extérieur, on peut aller au fast-food, pour aller vite, ou au restaurant, où l'on prend tout son temps. Dans ce cas, on passe commande après avoir consulté la carte sur laquelle se trouve :

le menu ●
l'addition ▲
le pourboire ■

 Les supermarchés permettent aux gens de faire toutes leurs courses au même endroit rapidement. Les voitures à la disposition des clients sont des :

caisses ●
monte-charge ▲
caddies ■

 Les calories consommées servent à la dépense physique, à la respiration, la digestion, etc. Il ne faut pas en consommer beaucoup plus qu'on ne dépense. Les gens très gros sont :

obèses ●
pantagruéliques ▲
anorexiques ■

Quels sont les 2 ingrédients dont la petite cuisinière n'a pas besoin pour faire son gâteau au chocolat ?

A. ● tomates

B. ● levure

C. ● poivre

D. ● chocolat

E. ● œufs

F. ● farine

G. ● sucre

H. ● lait

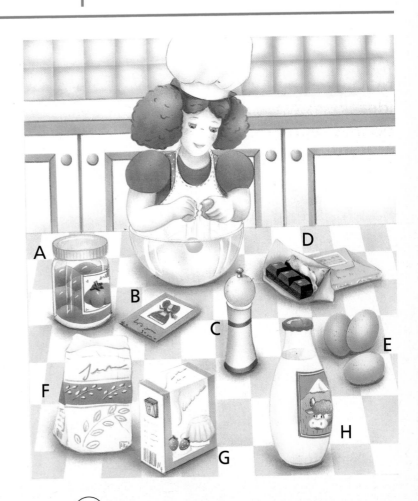

 **Qui soigne les dents ?**

● avocat ● dentiste ● instituteur

 Où achète-t-on les médicaments ?

● pharmacie ● boulangerie ● crémerie

 Avec quoi prend-on la température ?

● chronomètre ● thermomètre ● montre

 Que met-on sur une blessure ?

● ruban ● mouchoir ● pansement

 Avec quoi marche-t-on quand on s'est cassé la jambe ?

● skis ● béquilles ● palmes

Retrouve le personnage qui a : une barbe, des cheveux blancs, des yeux bleus, une grande bouche.

Dans cette vitrine de boucherie, repère le morceau de viande qui ne vient pas du cochon.

A. ● rôti de porc

B. ● saucisse

C. ● boudin

D. ● salami

E. ● côte de porc

F. ● poulet

G. ● tête de cochon

H. ● pied de porc

I. ● petit salé

J. ● pâté

K. ● jambon

Quel élément ne fait pas partie de la première image ?

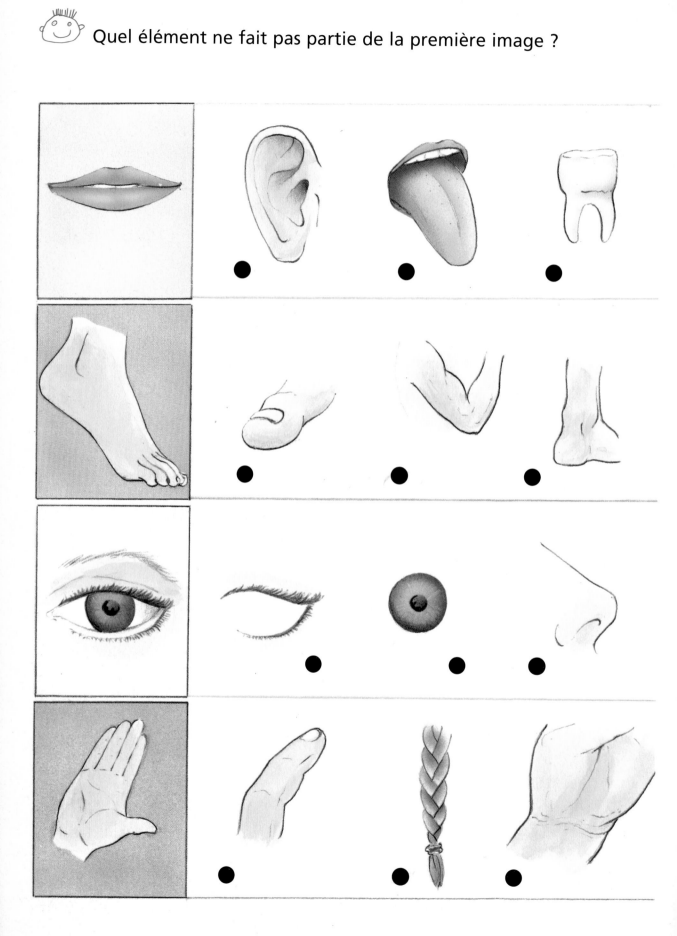

Retrouve les 4 aliments qu'il est nécessaire de garder dans le réfrigérateur.

A. ● beurre
B. ● boîte de conserve
C. ● farine
D. ● légumes
E. ● lait
F. ● sucre
G. ● viande

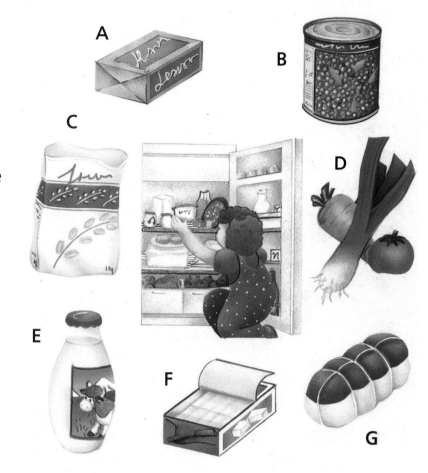

Quels aliments ne contiennent pas de lait ? Il y a 4 bonnes réponses.

Retrouve les aliments qui sont mangés en entrée (●) et ceux qui sont mangés en dessert (■).

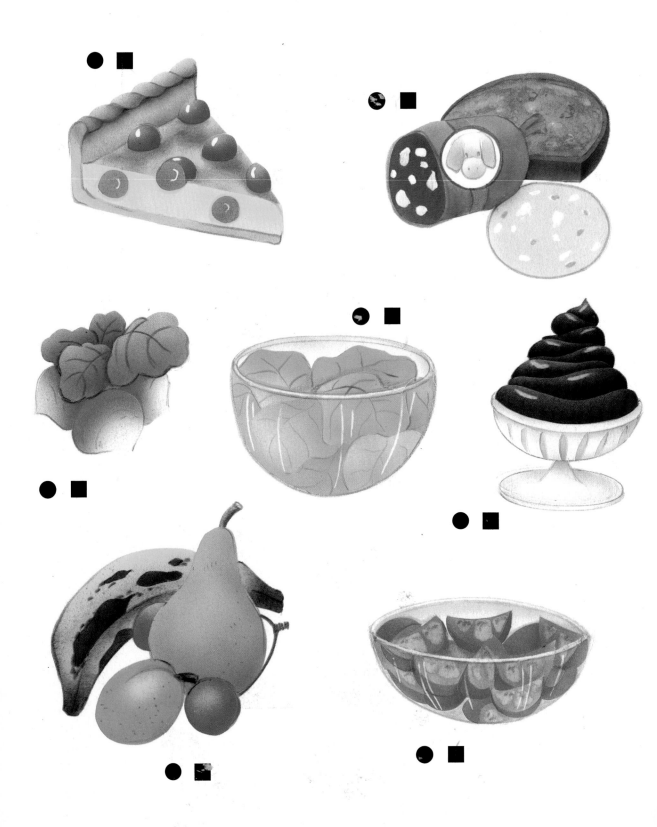

Quel aliment vient de la mer ?

 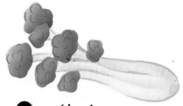

● poulet   ● céleri   ● moule

 Quel aliment vient d'un arbre ?

● petits pois   ● artichaut   ● pomme

 Quel aliment vient de la terre ?

● champignon   ● steak   ● œuf

 Quel aliment vient d'un champ ?

● myrtille   ● poivre   ● blé

 Quel aliment vient d'un potager ?

● tomate   ● croissant   ● miel

En suivant le message des flèches, retrouve le parcours dans les rayons du magasin.

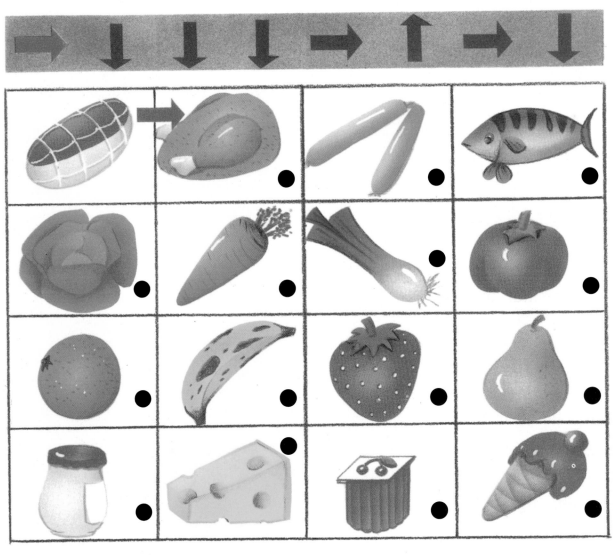

Quel est le dernier produit que tu as vu ?

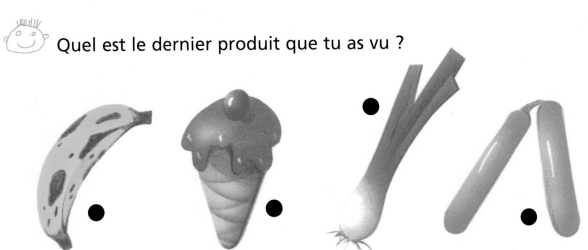

Réponds aux quatre questions en choisissant l'image qui correspond à la bonne réponse.

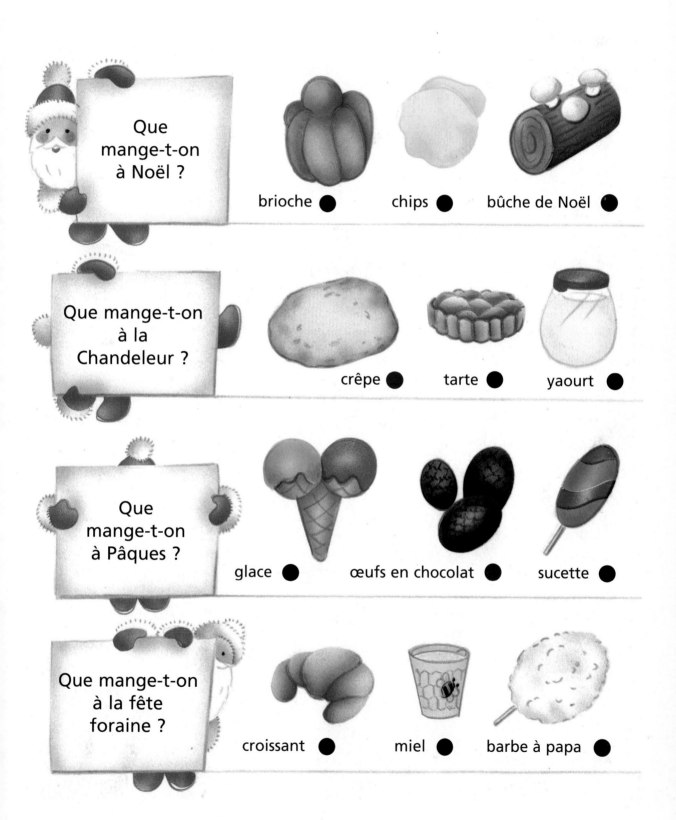

Que mange-t-on à Noël ?

brioche ● chips ● bûche de Noël ●

Que mange-t-on à la Chandeleur ?

crêpe ● tarte ● yaourt ●

Que mange-t-on à Pâques ?

glace ● œufs en chocolat ● sucette ●

Que mange-t-on à la fête foraine ?

croissant ● miel ● barbe à papa ●

Qu'est-ce qu'on mange cru (●), cuit (■) ou les deux (▲) ?

A. ● ■ ▲   melon

B. ● ■ ▲   jambon

C. ● ■ ▲   radis

D. ● ■ ▲   pomme

E. ● ■ ▲   avocat

F. ● ■ ▲   pomme de terre

G. ● ■ ▲   poulet

H. ● ■ ▲   betterave

I. ● ■ ▲   carotte

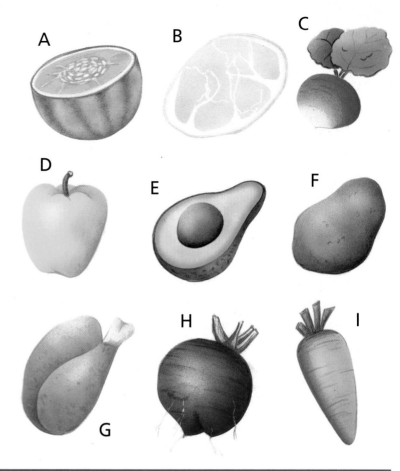

Retrouve les ingrédients nécessaires pour faire des crêpes. Il y a 3 bonnes réponses.

L'être humain est omnivore : il peut et doit manger de tout pour se nourrir d'une manière saine. Quel animal est également omnivore ?

le gorille ●

le perroquet ▲

le rat ■

Quand un adulte fait un régime pour maigrir, il doit supprimer les boissons alcoolisées car elles contiennent beaucoup de calories. Un demi-litre de vin apporte autant de calories que :

8 morceaux de sucre ●

10 morceaux de sucre ▲

16 morceaux de sucre ■

La plupart des religions définissent des règles très précises concernant l'alimentation. Ainsi, les musulmans et les juifs ne peuvent pas manger de :

porc ●

mouton ▲

chèvre ■

Certaines périodes de l'année sont propices aux fêtes. Pour Mardi gras, avant le Carême, on prépare des carnavals et on cuisine des :

dindes ●

crêpes ▲

bûches ■

Aujourd'hui, les fermiers traient souvent les vaches de manière automatisée. Le lait est directement envoyé dans des citernes. Le lait, chez la vache, se trouve dans :

le pis ●

l'estomac ▲

la queue ■

Les habitudes alimentaires et les manières de manger ne sont pas les mêmes partout. Dans les pays asiatiques, les aliments mis dans des bols sont attrapés avec :

des aiguilles ●

des cuillères ▲

des baguettes ■

Retrouve les 5 plats préparés avec des pommes de terre.

Quels sont les aliments sucrés (●) et ceux qui ne le sont pas (■) ?

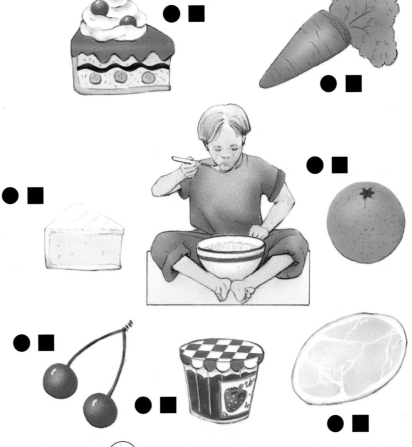

Retrouve l'origine de chaque aliment.

Retrouve le nom des différentes parties du corps en pointant le bon symbole.

A. ● menton

B. ▲ genou

C. ■ épaule

D. ▼ talon

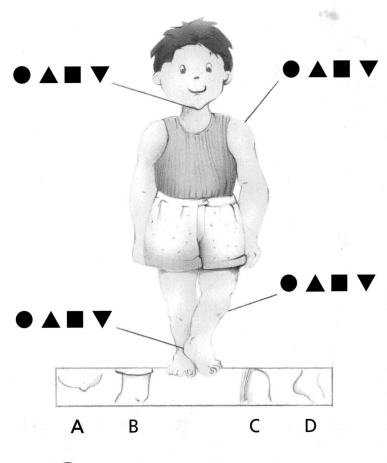

Qu'est-ce qui se mange ? Il y a 2 bonnes réponses.

- éponge
- bonbon
- chocolat
- foulard

Qu'est-ce qui est doux ? Il y a 3 bonnes réponses.

- nounours
- serviette
- coton
- hérisson

Qu'est-ce qui sent bon ? Il y a 2 bonnes réponses.

- lilas
- cendrier
- cochon
- vanille

Qu'est-ce qui fait du bruit ? Il y a 2 bonnes réponses.

- vase
- téléphone
- tabouret
- aspirateur

Qu'est-ce qui n'est pas une fleur ? Il y a 1 bonne réponse.

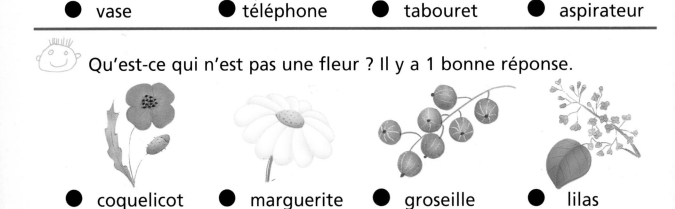

- coquelicot
- marguerite
- groseille
- lilas

Remets les images dans l'ordre. Sous l'image correspondant au début de la recette, pointe le n°1 et ainsi de suite jusqu'au n°4.

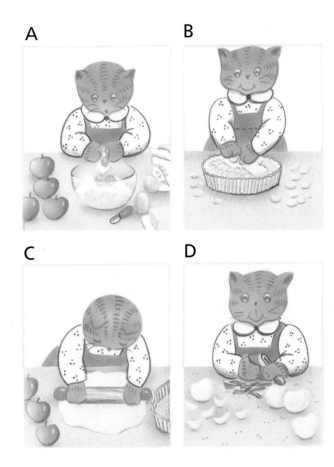

A

B

C

D

A. ●1 ●2 ●3 ●4
B. ●1 ●2 ●3 ●4
C. ●1 ●2 ●3 ●4
D. ●1 ●2 ●3 ●4

 Quel bonbon contient une amande entière ?

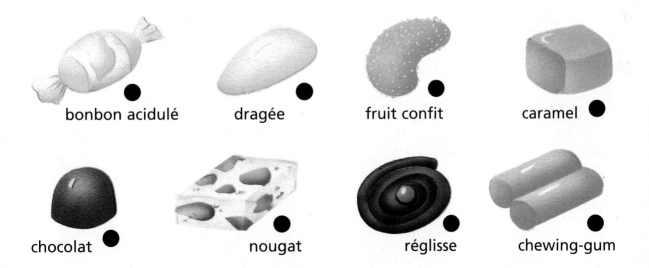

bonbon acidulé ●　　dragée ●　　fruit confit ●　　caramel ●

chocolat ●　　nougat ●　　réglisse ●　　chewing-gum ●

Les bonbons sont surtout mauvais pour :

les yeux ●
les dents ■

Repère les objets de toilette qui servent aux soins des différentes parties du visage.

'écoe

Regarde chaque image attentivement, puis trouve la phrase qui lui convient.

● ▲ ■
fleurs dans un jardin
● ▲ ■
fleurs dans un vase
● ▲ ■
fleurs dans un tableau

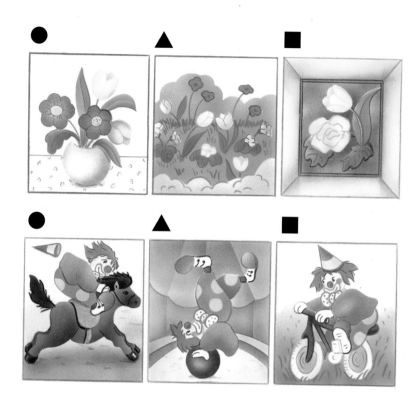

● ▲ ■
clown sur un cheval
● ▲ ■
clown sur un vélo
● ▲ ■
clown dans un cirque

Complète les phrases avec le mot qui convient.

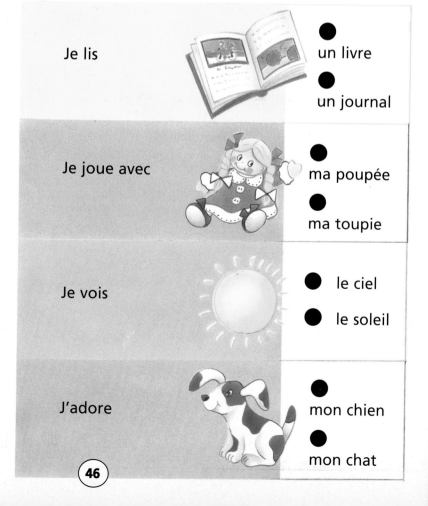

Je lis
● un livre
● un journal

Je joue avec
● ma poupée
● ma toupie

Je vois
● le ciel
● le soleil

J'adore
● mon chien
● mon chat

Regarde chaque mot écrit sous les dessins et retrouve le même mot dans chaque liste.

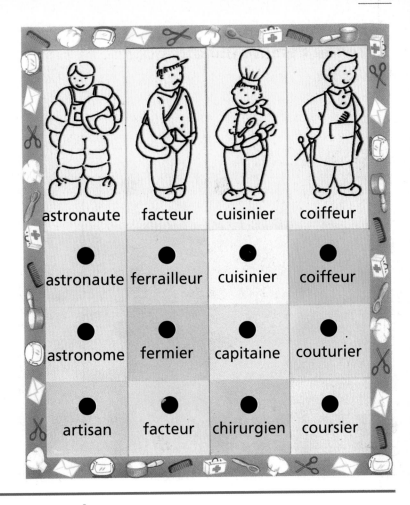

astronaute	facteur	cuisinier	coiffeur
● astronaute	● ferrailleur	● cuisinier	● coiffeur
● astronome	● fermier	● capitaine	● couturier
● artisan	● facteur	● chirurgien	● coursier

A chaque ligne, retrouve la lettre identique à la première.

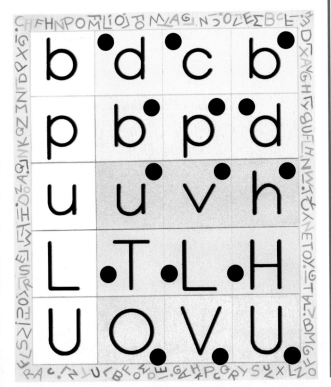

Fais la différence entre les objets qui se trouvent :
au milieu (▲), à droite (■) et
à gauche (●).

Pointe l'ombre qui correspond au dessin.

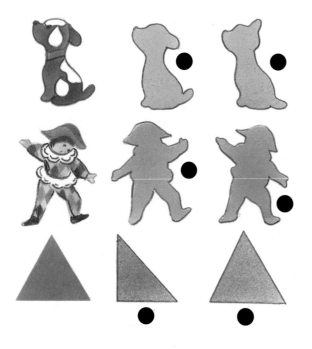

Le dessin est composé de différentes formes : cercle, carré, triangle. Désigne le nombre de chaque forme.

● 6 ● 7   ● 2 ● 3   ● 4 ● 5
● 8   ● 4   ● 6

La position d'un élément peut être définie par sa place dans un tableau. Dans ce tableau, la fraise est en A2, le gâteau en B4 et la fourchette en C1.

	A	B	C
1			🍴
2	🍓		
3			
4		🧁	

Indique dans quelle case du tableau vont se retrouver la coccinelle et la feuille, l'œuf et la poule, le pain et le chocolat.

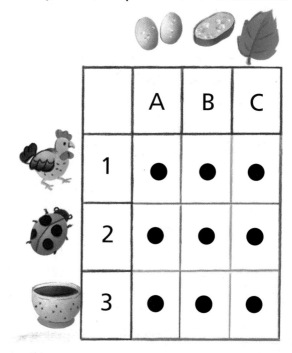

	A	B	C
1	●	●	●
2	●	●	●
3	●	●	●

Regarde bien l'image.
Combien y a-t-il de livres ?
de tableaux sur les murs ?
de poupées ?
de barreaux ?

barreaux
● 3 ● 4 ● 5 ● 6

poupées
● 2 ● 3 ● 4 ● 5

tableaux
● 1 ● 2 ● 3 ● 4

livres
● 4 ● 5 ● 6 ● 7

Retrouve les
différentes figures dans
les différents objets.

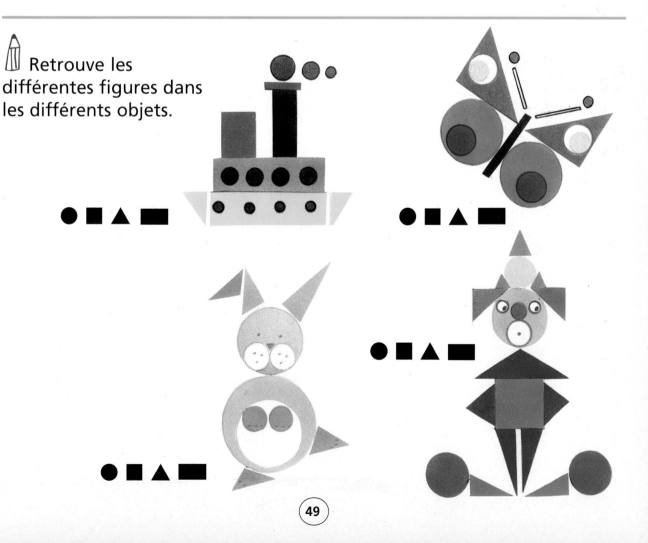

● ■ ▲ ■

● ■ ▲ ■

● ■ ▲ ■

● ■ ▲ ■

Retrouve les 4 lettres en majuscules dans le nuage.

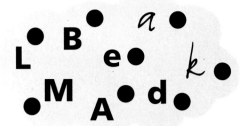

Retrouve les 5 lettres en minuscules dans le nuage.

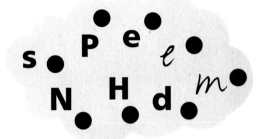

Retrouve les 3 lettres manuscrites dans le nuage.

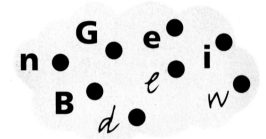

Retrouve les 4 mots qui permettent de décrire la grande image.

A. ● niche

B. ● poussin

C. ● tracteur

D. ● râteau

E. ● cheminée

F. ● souris

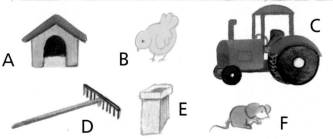

Retrouve les 2 coccinelles qui ont le même nombre de points disposés de manière identique, en pointant ton BipPen sur leur tête.

Pointe les places suivantes : A2, A6, B3, C4, D1, F5.

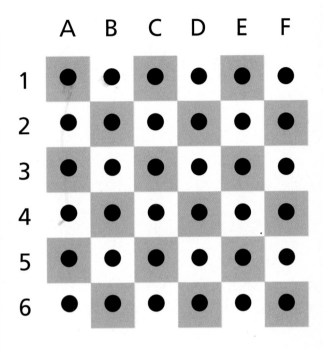

Les mots n'ont pas tous la même longueur. Certains mots sont longs et pourtant désignent des objets de petite taille (comme médicament) ; d'autres sont courts et servent à nommer de grands objets (comme train ou lac). Associe chaque mot au dessin qui convient :

ver de terre ● ■ ▲

chat ● ■ ▲

cheval ● ■ ▲

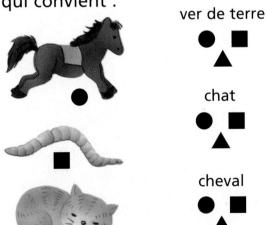

Certains mots se ressemblent mais ne désignent pas la même chose. Un coussin n'est pas un cousin ! Pointe le mot identique à celui qui désigne le dessin.

chapeau

château ●
chameau ▲
chapeau ■

lapin

lapin ●
matin ▲
malin ■

pâtes

pâtes ●
pattes ▲
pâté ■

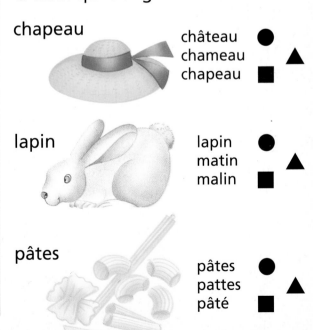

✏️ Retrouve l'image qui n'appartient pas à la catégorie.

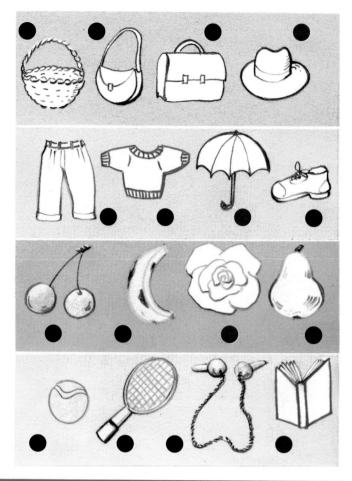

✏️ Retrouve l'heure qui correspond à chaque horloge.

● 3h00
● 5h00

● 6h10
● 7h00

● 3h30
● 5h15

● 1h00
● 11h00

● 6h00
● 12h00

● 12h45
● 1h00

Dans le texte, des mots ont été remplacés par un dessin. A côté de chacun d'eux, il y a 2 mots, mais un seul correspond au dessin.

J'ai vu dans la
- ● lune
- ● laine

trois petits
- ● lutins
- ● lapins

qui mangeaient des
- ● perles
- ● prunes

la
- ● pipe
- ● pain

à la bouche

le
- ● vélo
- ● verre

à la main, en disant :

«Mesdames, versez-nous du vin.»

Regarde attentivement les objets dont tu te sers à l'école. Désigne le nombre de chaque objet en pointant la pastille correspondante.

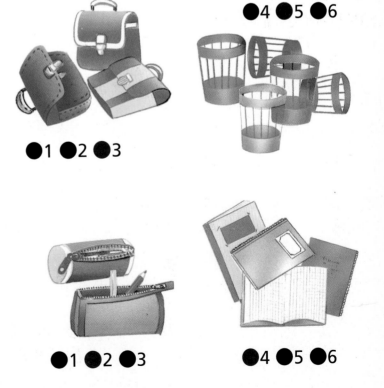

●4 ●5 ●6

●1 ●2 ●3

●1 ●2 ●3

●4 ●5 ●6

Retrouve ce qui est vu de dessus (●) et ce qui est vu de dessous (■) en pointant le bon symbole.

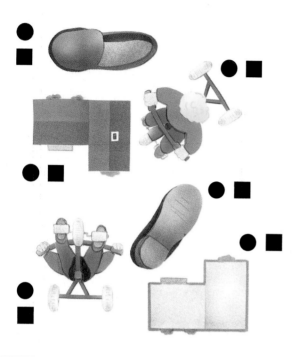

Observe attentivement les 2 clowns, puis désigne celui qui possède le plus grand nombre de cercles.

«Il y a autant d'assiettes qu'il y a d'invités.» Quand on dit «il y a autant que», cela veut dire qu'il y a la même quantité, le même nombre. Dans la maison de poupée, quels sont les 2 habits en double ?

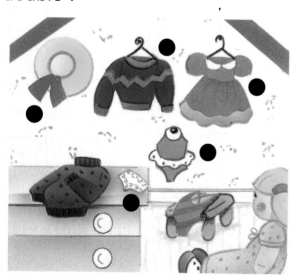

Retrouve les 2 cartes qui représentent le même personnage de face et de dos.

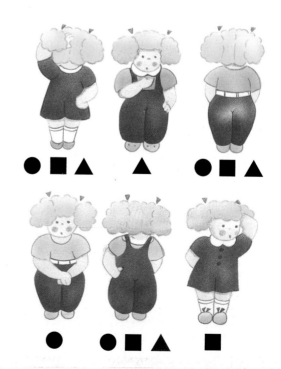

A qui sont destinés les gâteaux d'anniversaire ?

 Repère les 2 animaux que le crocodile peut attraper.

Mets en relation les animaux et les détails dessinés dans la première colonne. Pointe les bonnes cases du tableau.

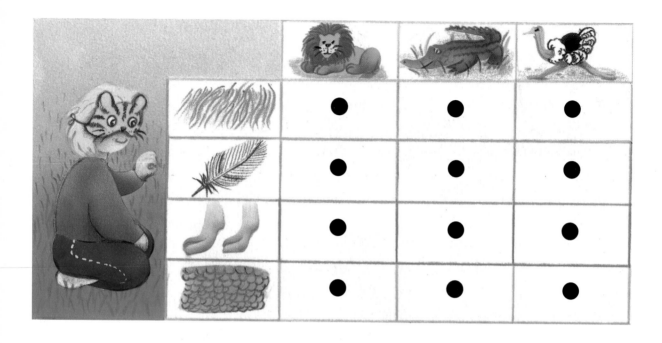

Voici 3 gammes de bleu : repère celle qui n'est pas dans le bon ordre.

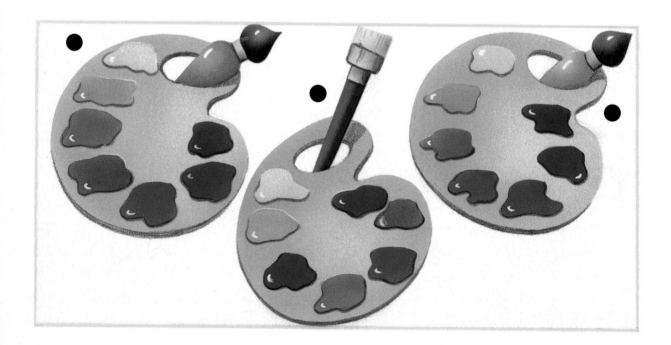

Range les voitures de la plus petite à la plus grande. Fais de même avec les animaux.

●1 ●2 ●3

●1 ●2 ●3

●1 ●2 ●3

●1 ●2 ●3

●1 ●2 ●3

●1 ●2 ●3

Pointe les images qui correspondent aux phrases suivantes :

- le chien à droite du portail
- la voiture devant le camion
- le chien dans la niche

Retrouve les éléments qui permettent de décrire chaque image.

	●	●	●
	●	●	●
	●	●	●
	●	●	●
	●	●	●
	●	●	●

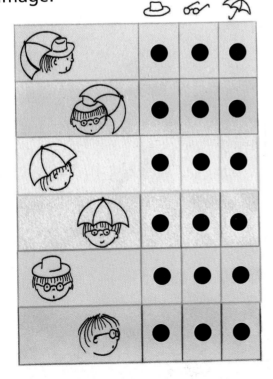

Le petit chat a été gourmand. Quelle image termine l'histoire ?

Retrouve, dans chaque série, l'objet qui a un rapport logique avec la première image.

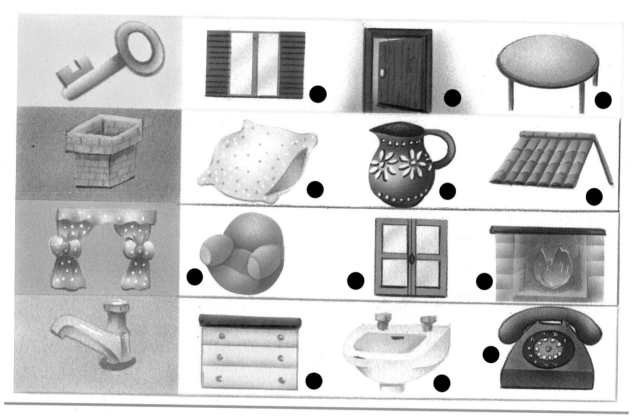

Dans chaque dessin, repère les 3 formes géométriques qui sont utilisées, en pointant le BipPen sur les petites formes correspondantes.

L'un des motifs du papier cadeau a été déchiré. Lequel ?

Fais la différence entre les éléments qui se trouvent sous l'eau (●), ceux qui se trouvent sur l'eau (▲) et ceux qui se trouvent dans les airs (■).

Pour désigner la place d'un objet, on utilise les expressions : devant, derrière, sous, sur, à gauche, à droite... Pointe les images qui correspondent aux phrases suivantes :
- Le bateau vert est derrière le quai.
- Le pêcheur est à droite du mât.
- Le chien est devant le vélo.

Toutes ces illustrations ont en commun le nombre quatre, sauf une. Laquelle ?

Désigne les 2 images qui montrent un nombre identique d'enfants.

Associe deux par deux les pièces de bois. Choisis sous chaque pièce rouge le motif noir qui correspond à la pièce verte complémentaire.

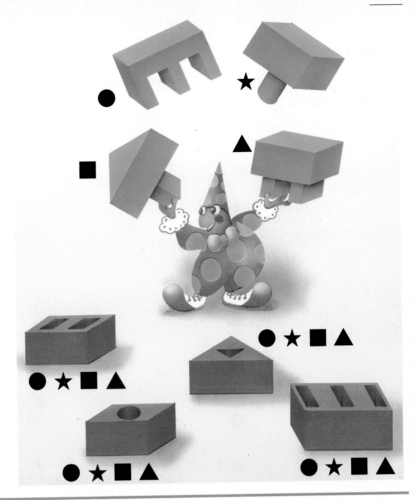

Retrouve l'animal qui est en trop dans le jeu.

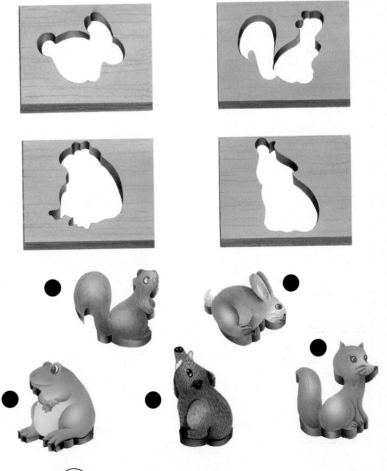

Le tour de la Terre

Voici la fabuleuse histoire d'un petit oiseau tout noir. Il rencontra un joli papillon, tout jaune et tout marron. Ensemble ils partirent faire le tour du monde. C'est ainsi qu'ils découvrirent que la Terre était ronde.

Quelle est la couleur du petit oiseau ?

jaune ●

noir ▲

marron ■

Qui est son compagnon ?

lion ●

chenille ▲

papillon ■

Quelle forme a la Terre ?

cercle ●

rectangle ▲

carré ■

Le chat et la souris

Un jour, un chat dit à une souris : «Faisons la paix, ma bonne amie. Je vous invite à festoyer, il y aura du fromage à volonté !» La petite souris accepta l'invitation (le fromage est son péché mignon). Elle arriva chez son ami, tout de gris vêtue, si belle que quand le chat la vit, il la mangea tout cru !

Pointe les 2 images qui ne correspondent pas à l'histoire.

 Complète chaque dessin de la rangée du haut avec un de ceux de la rangée du bas et explique pourquoi ils vont ensemble.

■   ▼

  ● ▲

● ▲ ■ ▼   ● ▲ ■ ▼   ● ▲ ■ ▼   ● ▲ ■ ▼

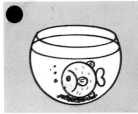 Désigne les objets qui sont, en temps normal, de couleur rouge. Il y a 4 bonnes réponses.

 Pour aller à l'école, tu as besoin de plusieurs accessoires : des crayons, des stylos, une gomme, que tu ranges dans :

une trousse   ●

un mouchoir   ▲

un porte-monnaie   ■

 Toutes les affaires dont tu as besoin à l'école et que tu ramènes régulièrement à la maison sont rangées dans ton :

panier   ●

sac à main   ▲

cartable   ■

Retrouve le contenu de chaque paquet.

Observe bien les 8 objets. Choisis à côté de chacun d'eux le motif noir qui correspond à leur forme.

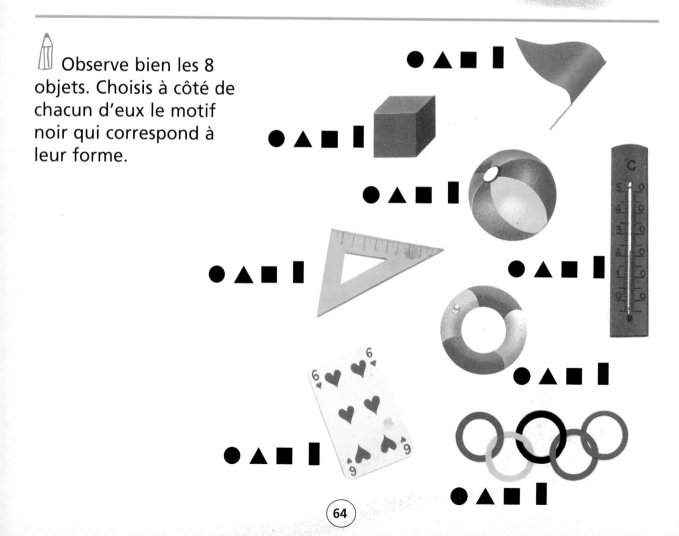

Relève l'heure indiquée par chacune des montres et horloges.

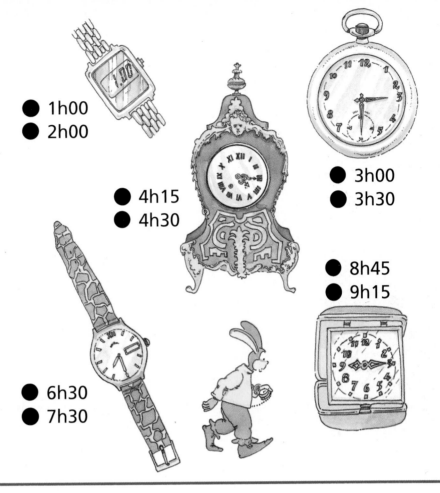

● 1h00
● 2h00

● 4h15
● 4h30

● 3h00
● 3h30

● 8h45
● 9h15

● 6h30
● 7h30

Le train à vapeur

Il était une fois un train à vapeur qui confiait à une vache tous ses malheurs. « Ma pauvre locomotive a trop fumé, maintenant elle ne peut plus avancer. J'ai donc abandonné mon métier et trouvé une astuce pour ne pas m'ennuyer. Je regarde passer les bergers qui emmènent les moutons brouter dans les prés. »

Pointe les images qui correspondent à l'histoire.

Quand on raconte une histoire, il faut faire attention à mettre dans l'ordre les différents événements qui se déroulent. Remets dans l'ordre l'histoire de Michel.

●1 ●2 ●3 ●4

●1 ●2 ●3 ●4

●1 ●2 ●3 ●4

●1 ●2 ●3 ●4

Le jeu du 421 consiste à obtenir avec trois dés les chiffres 4, 2 et 1. Dans quelle image Pim a-t-il obtenu le bon résultat ?

●

●

●

●

L'instituteur écrit les leçons pour toute la classe sur le tableau noir. Il utilise pour cela :

des crayons ●
des feutres ▲
des craies ■

Les cours qui consistent à savoir faire des opérations diverses et résoudre des problèmes sont des cours de :

géographie ●
mathématiques ▲
biologie ■

C'est la fête

Monsieur Poisson dit à madame Grenouille : «Comment vont vos petits têtards ? Ma foi, ils veillent bien tard.» «Il y a une fête chez les voisins, répondit la maman, ils ont la permission de minuit exceptionnellement !»

Retrouve l'image qui correspond à la fin de l'histoire.

Quelle couleur obtient-on en mélangeant les tubes de peinture ?

Le petit cheval blanc

Un cheval blanc ayant perdu ses ailes ne pouvait plus voler. Il alla sans succès aux objets trouvés et dut rentrer à pied. Il passa la nuit à pleurer, quand son téléphone se mit à sonner.

«Monsieur le Cheval Blanc, je m'appelle Zoé. Vos ailes, je les ai retrouvées.»

«Venez me les rapporter, dit le cheval, et pour vous remercier, je vous emmènerai dans le ciel et sur la Voie lactée.»

Remets les images dans l'ordre pour reconstituer l'histoire.

● 1 ● 2 ● 3 ● 4

● 1 ● 2 ● 3 ● 4

● 1 ● 2 ● 3 ● 4

● 1 ● 2 ● 3 ● 4

Les lettres de l'alphabet permettent d'écrire tous les mots de notre langue. De A jusqu'à Z, il y en a au total :

12 ●
26 ▲
53 ■

La première écriture, apparue il y a des milliers d'années, était composée de pictogrammes. Chaque mot était représenté par un petit dessin. Sur quoi trouve-t-on encore de nos jours des pictogrammes :

panneaux routiers ●
bandes dessinées ▲
affiches de cinéma ■

Les écritures ont évolué et donné des alphabets différents. L'anglais, l'italien, le français utilisent le même alphabet. Quelle langue a une écriture différente ?

l'allemand ●
l'espagnol ▲
l'arabe ■

L'une des plus célèbres écritures vient des anciens Egyptiens. Ce sont les hiéroglyphes. Cette écriture servait à inscrire des textes sacrés sur les murs des :

églises ●
pyramides ▲
écoles ■

A l'école primaire, on apprend par cœur les résultats de certaines multiplications. Ces listes d'opérations sont appelées :

tables de multiplication ●
chaises de multiplication ▲
pages de multiplication ■

Tous les nombres sont composés d'un ou de plusieurs chiffres. Le plus petit nombre à deux chiffres est :

01 ●
10 ▲
11 ■

Les nombres composés de 2 chiffres sont des dizaines, de 3 chiffres sont des centaines et de 4 chiffres des :

milaines ●
milliers ▲
milliards ■

Les chiffres que nous utilisons sont appelés arabes car ils nous ont été transmis par eux. Mais les véritables créateurs sont les :

Chinois ●
Russes ▲
Hindous ■

Voici 5 camions. Peux-tu indiquer celui qui correspond exactement au modèle déplié ?

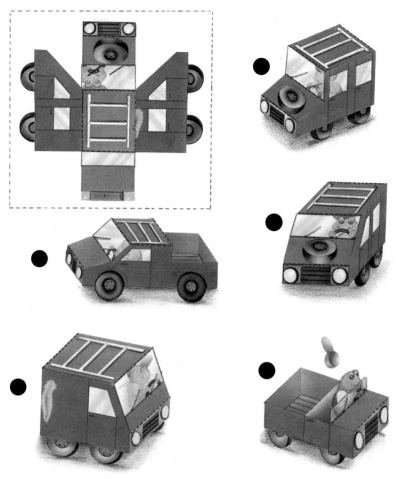

Sous chaque objet retrouve le motif noir qui correspond à la partie découpée.

De quelles formes géométriques sont composés les dessins ? Vérifie tes réponses en pointant sur les motifs noirs correspondants.

A. ● ■ ▲ ◗ ■
B. ● ■ ▲ ◗ ■
C. ● ■ ▲ ● ■
D. ● ■ ▲ ◗ ■
E. ● ■ ▲ ● ■
F. ● ■ ▲ ◗ ■
G. ● ■ ▲ ◗ ■
H. ● ■ ▲ ◗ ■
I. ● ■ ▲ ◗ ■

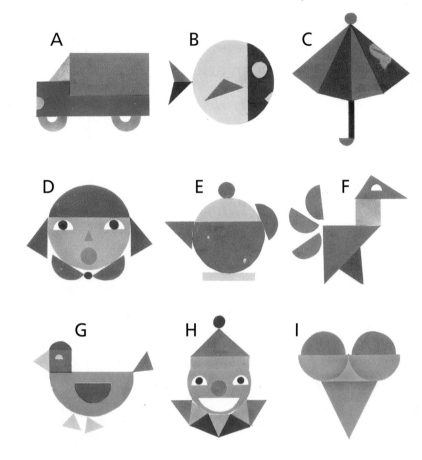

Les personnages sont composés de 7 formes géométriques identiques sauf un : lequel ?

🖊 Retrouve les formes composées du carré et des 4 triangles. Il y en a 3 en tout.

🖊 Les phrases affirmatives se terminent par un point ou un point d'exclamation (●) ; tandis que les phrases interrogatives se terminent par un point d'interrogation (■). Désigne le bon signe de ponctuation à la fin des phrases suivantes :

Le canard est-il prêt à s'envoler ● ■

La barque du pêcheur glisse sur l'étang ● ■

Quelle belle lumière on a de si bon matin ● ■

A quelle heure irons-nous relever les filets ● ■

🖊 Il existe deux catégories de nombres : ceux qui donnent un nombre entier quand on les divise par deux et ceux qui donnent un nombre décimal. On les appelle les nombres :

pairs et impairs ●
postérieurs et antérieurs ▲
majeurs et mineurs ■

De tous les objets, un seul est vu de dessus. Retrouve-le en pointant la bonne pastille.

● ● ● ●

Voici le dessin d'une maison vue de face et de dos. Retrouve, parmi les 3 vignettes du bas, celle qui correspond à la maison vue de dessus.

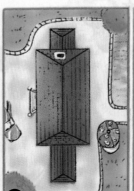

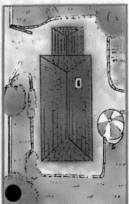

● ● ●

Retrouve dans quel ordre, de haut en bas, chaque domino a été placé. Pointe la pastille n°1 pour le premier domino et ainsi de suite jusqu'à la fin.

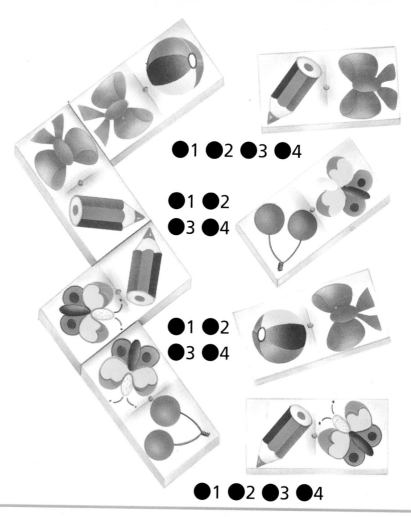

● 1 ● 2 ● 3 ● 4

● 1 ● 2
● 3 ● 4

● 1 ● 2
● 3 ● 4

● 1 ● 2 ● 3 ● 4

Regarde bien l'image puis désigne l'objet qui correspond à la description suivante : il est bleu, il se trouve devant un arbre et derrière une barrière.

Il existe différents types de phrases. Quand on dit, raconte ou décrit quelque chose, on parle de phrases affirmatives (●). Quand on nie quelque chose, il s'agit de phrases négatives (■). Choisis le signe qui convient pour chaque phrase.

Les poules se sont perchées dans le poulailler. ● ■

Le renard ne pourra pas les attraper. ● ■

Leurs œufs, à l'abri, ne seront pas cassés. ● ■

1, 2, 3, 4, 5...
Il y a de nombreuses occasions de compter ! Associe le bon chiffre avec le dessin.

3 ●   5 ▲   6 ■

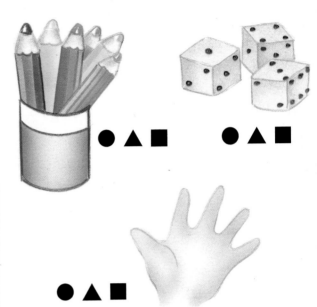

● ▲ ■   ● ▲ ■

● ▲ ■

Associe des groupes de sujets au même nombre d'éléments.

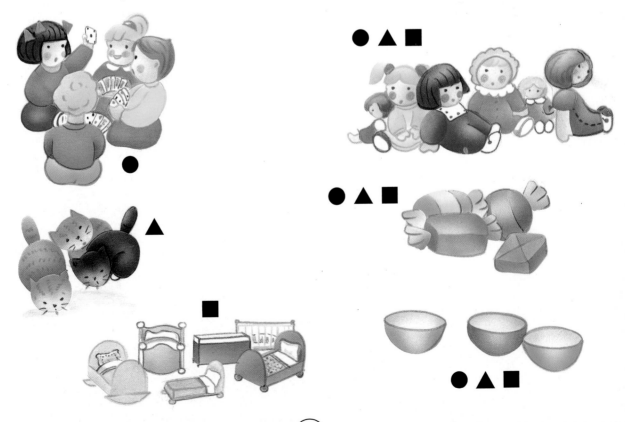

● ▲ ■

●

▲

■

● ▲ ■

● ▲ ■

Le petit lapin a 5 ans ; dans son album figurent les photos de tous ses anniversaires. Pour quel anniversaire y a-t-il 2 photos ?

● 1 an

● 2 ans

● 3 ans

● 4 ans

● 5 ans

Toutes les voitures trouveront-elles une place dans le parking ?

● oui

■ non

Une goutte d'eau

Une goutte d'eau, perdue dans un nuage, rêvait de partir en voyage, un sac sur le dos. Voyons, goutte d'eau, ce n'est pas de ton âge ! Pour ton anniversaire, demande plutôt si tu peux voir la mer. Quel beau cadeau !

Pointe les 4 mots qui correspondent à l'histoire.

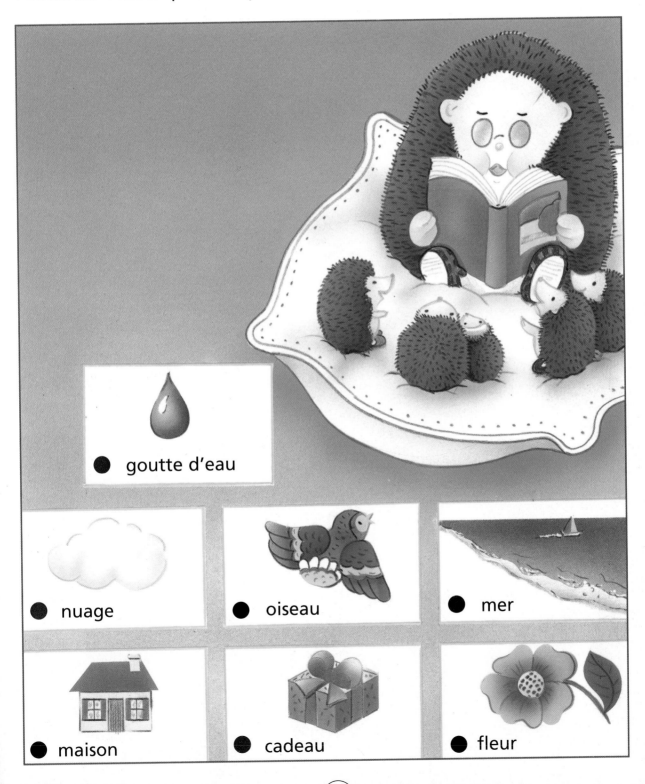

● goutte d'eau

● nuage

● oiseau

● mer

● maison

● cadeau

● fleur

Le lapin joue à une
réussite ; l'une de ses
cartes est retournée :
laquelle ?

●   ●   ●

Les nombres peuvent se ranger
du plus petit au plus grand (1, 2,
3, 4) mais aussi du plus grand au
plus petit (4, 3, 2, 1, 0).
Mets dans l'ordre les enfants, du
plus petit au plus grand, dans les
différents groupes.

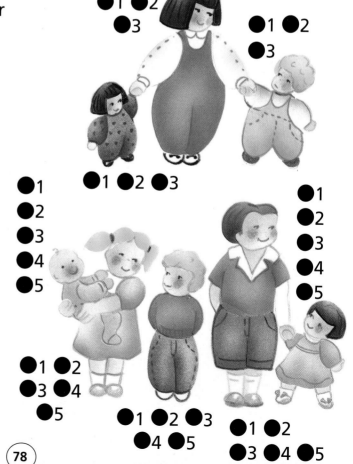

●1 ●2
●3

●1 ●2
●3

●1 ●2 ●3

●1
●2
●3
●4
●5

●1
●2
●3
●4
●5

●1 ●2
●3 ●4

●1 ●2
●3 ●4

●1 ●2
●3 ●4

●1 ●2
●3 ●4

●1 ●2
●3 ●4

●1 ●2
●3 ●4
●5

●1 ●2 ●3
●4 ●5

●1 ●2
●3 ●4 ●5

Les nombres se suivent toujours dans le même ordre. Par exemple, 5 est toujours avant 6 et toujours après 4.
Quel est le chiffre qui manque ?

3 ●   5 ▲   7 ■

1 2 3 4 5 6 8 9 10

Les figures géométriques ne possèdent pas toutes le même nombre de côtés. Un carré tout comme un rectangle en a 4 : c'est un quadrilatère. Si la figure a 5 côtés, c'est un pentagone. Si elle en a 6, c'est un hexagone.
Combien y a-t-il d'hexagones ?

1 ●   3 ▲   4 ■

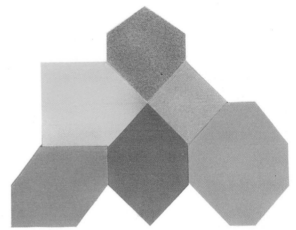

Redonne à chaque définition l'image qui lui convient.

A.
pièce où l'on prend ses bains

B.
pièce où l'on fait la cuisine

C.
pièce où l'on dort

A

B

C

Classe les objets selon leur taille ; choisis sous chacun d'eux le chiffre qui convient : l'objet le plus petit correspond au chiffre 1, etc.

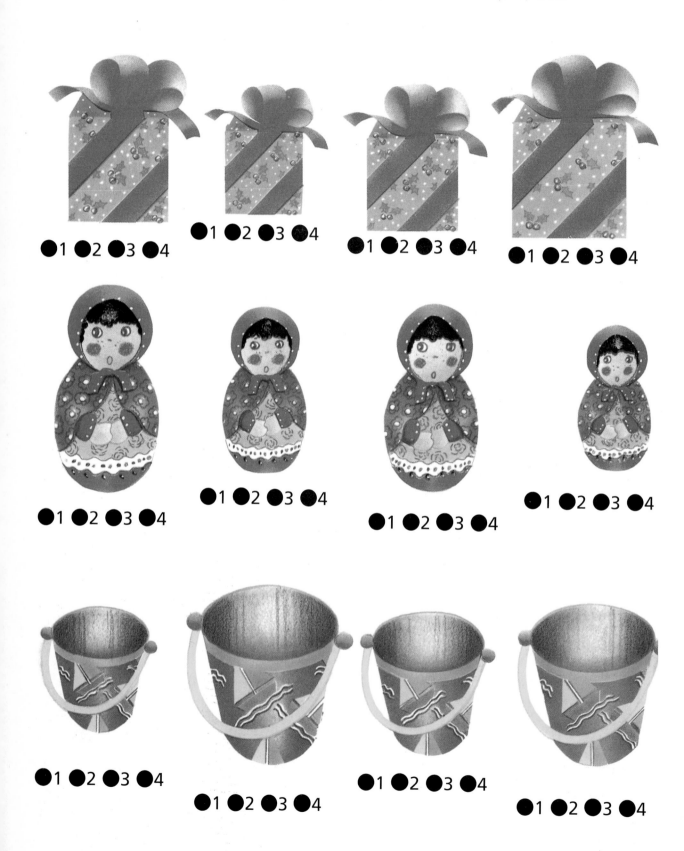

Les nombres peuvent s'additionner entre eux :
1 + 1 = 2
2 + 1 = 3
2 + 2 = 4

Combien chaque enfant a-t-il d'argent ?

6 F ● 4 F ■

A quelle heure arrive à Paris le train en provenance de Bordeaux, départ 14h00 ?

17h00 ●
17h30 ▲
19h00 ■

VILLES DEPART	HEURES DEPART	HEURES ARRIVEE	VILLES ARRIVEE
BORDEAUX	11H30	14H30	PARIS
NICE	9H00	10H30	TOULON
BORDEAUX	14H00	17H00	PARIS
MARSEILLE	14H00	19H00	PARIS

La souris de droite a une figure géométrique en trop par rapport à la souris de gauche. Quelle est cette figure ?

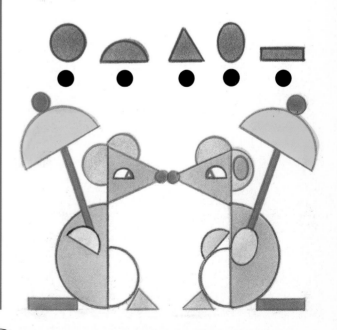

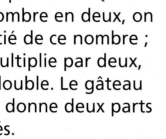 Les nombres peuvent se diviser et se multiplier par deux. Quand on divise un nombre en deux, on obtient la moitié de ce nombre ; quand on le multiplie par deux, on obtient le double. Le gâteau coupé en deux donne deux parts ou deux moitiés.

Complète par le double (●) ou la moitié (■) dans les phrases suivantes :

Quatre est ● ■ de deux.

Un est ● ■ de deux.

Cinq est ● ■ de dix.

Deux est ● ■ de un.

 Combien y a-t-il d'éléments dans chaque dessin ?

Si c'est 1, pointe la première pastille ;

si c'est 2, pointe les 2 premières pastilles ;

si c'est 3, pointe les 3 pastilles.

La vie quotidienne

Associe le premier élément avec l'un des trois autres.

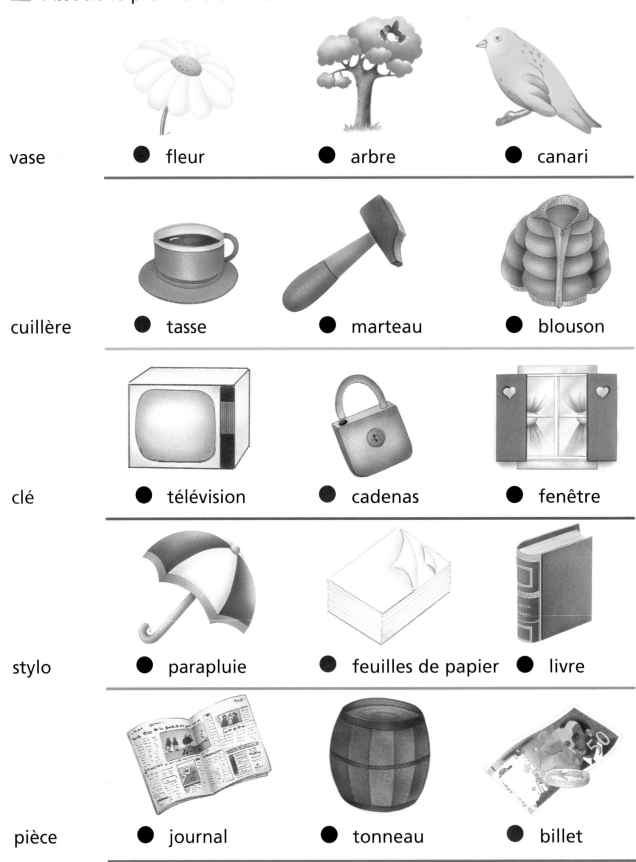

vase   ● fleur   ● arbre   ● canari

cuillère   ● tasse   ● marteau   ● blouson

clé   ● télévision   ● cadenas   ● fenêtre

stylo   ● parapluie   ● feuilles de papier   ● livre

pièce   ● journal   ● tonneau   ● billet

Termine les maisons en pointant sous chacune d'elles le symbole qui correspond à l'élément manquant.

Fais la différence entre les images d'autrefois (●) et celles d'aujourd'hui (■).

Dans les magasins, on peut acheter toutes sortes de choses. Associe chaque produit au magasin dans lequel on peut l'acheter.

● ▲ ■ ▼

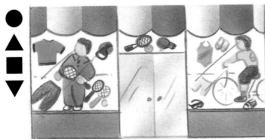

La semaine est composée de 7 jours. Lundi est le jour qui vient après :

mardi ●
dimanche ▲
mercredi ■

Aujourd'hui nous sommes vendredi. Demain, nous serons donc :

dimanche ●
jeudi ▲
samedi ■

Aujourd'hui nous sommes mercredi. Hier nous étions donc :

mardi ●
lundi ▲
jeudi ■

C'est l'anniversaire de Sophie. Pour connaître son âge, compte les bougies sur le gâteau. Pointe le nombre correspondant.

4 ● 5 ● 6 ●

 Retrouve de quoi sont faits les différents ponts. Pointe ton BipPen sur le bon symbole.

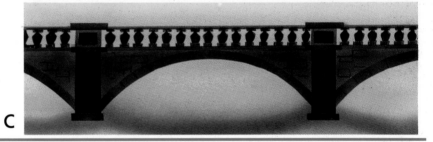

A. ● ■ ▲

B. ● ■ ▲

C. ● ■ ▲

 Un bateau est en train de franchir une écluse. Remets les images dans l'ordre en pointant, pour chaque image, le bon numéro.

A. 1● 2● 3● 4●

B. 1● 2● 3● 4●

C. 1● 2● 3● 4●

D. 1● 2● 3● 4●

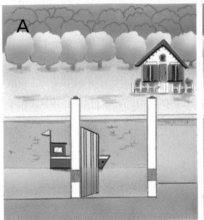

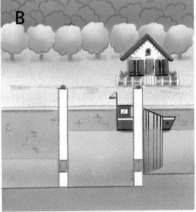

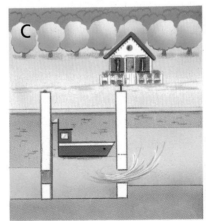

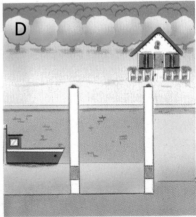

Repère les 2 objets qui ne sont pas nécessaires à l'alpiniste.

Retrouve le château de sable identique au premier.

Quels sont les intrus ?

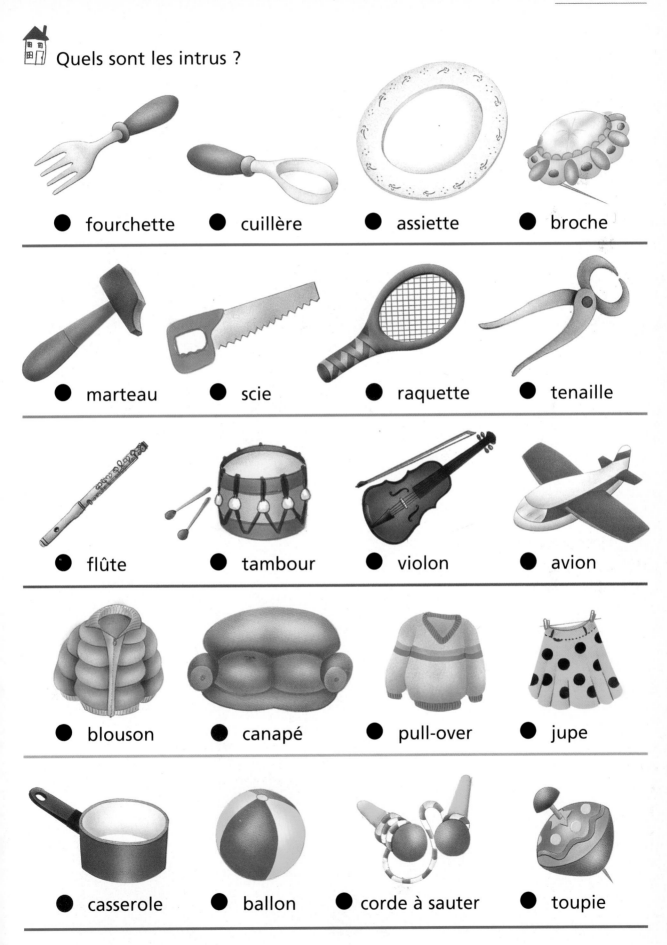

● fourchette ● cuillère ● assiette ● broche

● marteau ● scie ● raquette ● tenaille

● flûte ● tambour ● violon ● avion

● blouson ● canapé ● pull-over ● jupe

● casserole ● ballon ● corde à sauter ● toupie

Complète le puzzle de la marchande de fleurs. Dans chaque trou, retrouve le morceau manquant.

A. ● ■ ▲

B. ● ■ ▲

C. ● ■ ▲

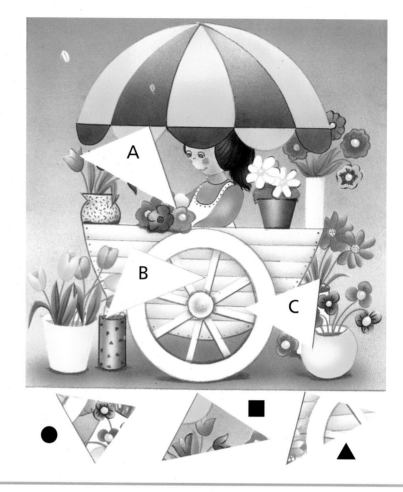

Qu'est-ce qui n'est pas en bois ? Il y a 2 bonnes réponses.

Quelle voiture se reflète dans la vitrine du magasin ?

 Combien y a-t-il de poissons dans chaque épuisette ?

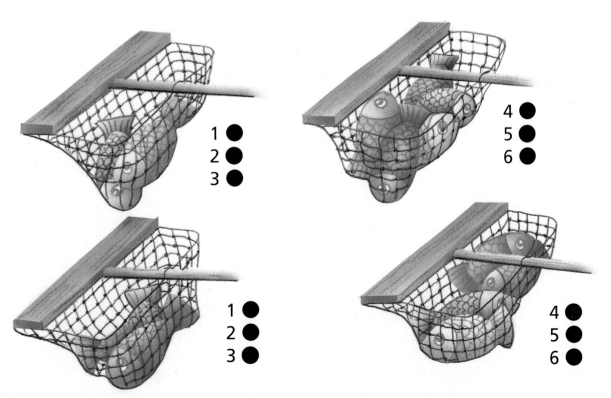

1 ●
2 ●
3 ●

4 ●
5 ●
6 ●

1 ●
2 ●
3 ●

4 ●
5 ●
6 ●

Combien y a-t-il de sièges dans la grande roue, de fleurs dans le bouquet, de poupées à gagner, de manèges ?

3⚫ 4⚫
5⚫

1⚫ 2⚫
3⚫

8⚫ 9⚫ 10⚫   3⚫ 4⚫ 5⚫

Une journée dure 24 heures. Le milieu du jour, c'est midi (12 heures), le milieu de la nuit, c'est minuit (24 heures ou 0 heure). On change de jour à minuit. Combien d'heures séparent midi et minuit ?

10 heures ⚫

12 heures ▲

24 heures ◼

L'année se divise en mois. Il y en a 12 dans une année. 6 mois forment un semestre, 3 mois un trimestre. Quel est le mois qui succède à mars ?

avril ⚫

février ▲

janvier ◼

Il y a des gens qui habitent dans une ville ; d'autres habitent dans un village ou une ferme. Quelles images montrent une ville (⚫), lesquelles montrent un village (◼) ?

⚫ ◼   ⚫ ◼

⚫ ◼   ⚫ ◼

Termine les 2 colliers. Observe l'ordre des coquillages, puis choisis le coquillage qui manque.

 Dans ces 2 séries d'arbres, retrouve le plus grand et le plus petit.

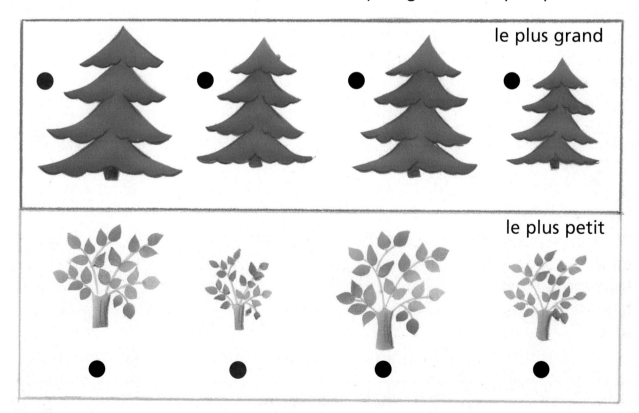

Associe les 2 éléments qui vont ensemble.

● rideaux   ● fenêtre   ● brosse   ● T-Shirt

● coussin   ● tableau   ● canapé   ● miroir

● bague   ● casserole   ● vase   ● fleur

● tabouret   ● table   ● ballon   ● marmite

● bûche   ● ananas   ● nounours   ● feu

Quels objets sont en bois ? Il y a 4 bonnes réponses.

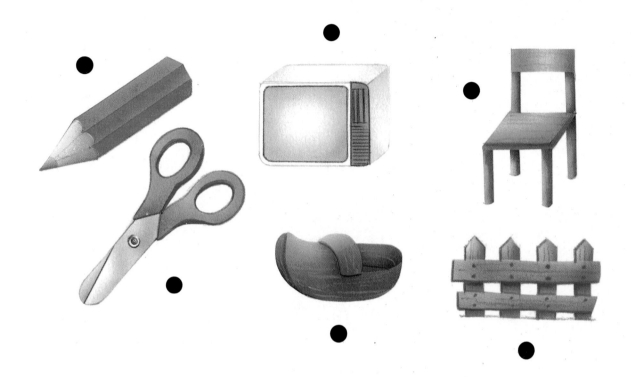

 Remets dans l'ordre les photos qui racontent la vie de la vieille femme au chignon gris.

A. 1● 2● 3● 4● 5● 6●

B. 1● 2● 3● 4● 5● 6●

C. 1● 2● 3● 4● 5● 6●

D. 1● 2● 3● 4● 5● 6●

E. 1● 2● 3● 4● 5● 6●

F. 1● 2● 3● 4● 5● 6●

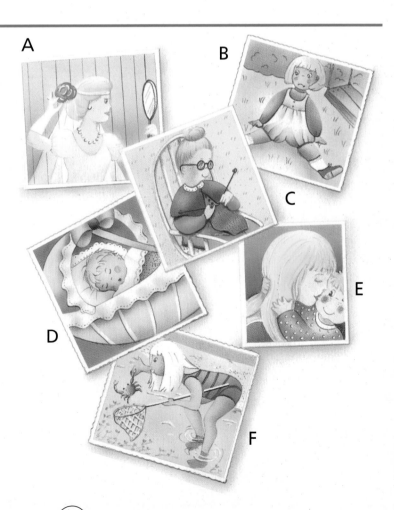

🏠 Pointe le type d'écrit qui correspond à l'image.

● une page de recette

▲ une page de BD

■ une page de journal

▼ une page de livre

● ▲ ■ ▼

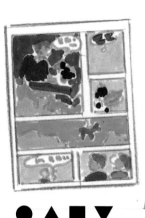

● ▲ ■ ▼

●
▲
■
▼

● ▲ ■ ▼

🏠 Remets en ordre les différentes inventions. L'invention la plus ancienne correspond au chiffre 1, etc.

A. Il y a près de 200 ans
   1● 2● 3● 4●

B. Il y a près de 400 ans
   1● 2● 3● 4●

C. Il y a près de 100 ans
   1● 2● 3● 4●

D. Il y a près de 130 ans
   1● 2● 3● 4●

A

B

C

D

Repère les 8 objets qui peuvent être dangereux en l'absence des parents.

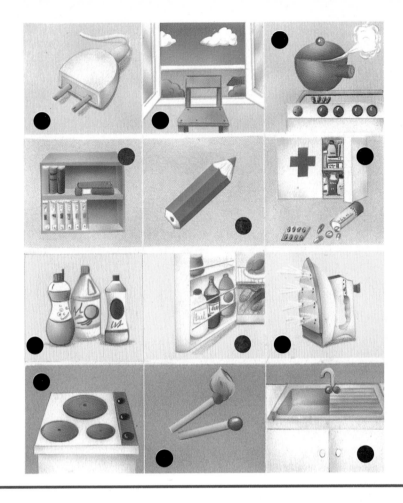

Remets les images de la fête du Nouvel An dans l'ordre. Aide-toi des heures indiquées sur chaque vignette.

A. 1● 2● 3● 4● 5●

B. 1● 2● 3● 4● 5●

C. 1● 2● 3● 4● 5●

D. 1● 2● 3● 4● 5●

E. 1● 2● 3● 4● 5●

A

B

C

D

E

Quels sont les piétons qui peuvent traverser la rue ou le carrefour ? Il y a 4 bonnes réponses.

Quand on est en 1990, l'année suivante est 1991. Quelle était l'année précédente ?

● 1992   ▲ 1989   ■ 1980

Si nous sommes au mois de juin, le mois dernier était le mois de mai. Le mois prochain sera le mois de :

juillet ●
août ▲
avril ■

Au cours de la journée, tu prends plusieurs repas. Le matin, c'est le petit déjeuner ; à midi, c'est le déjeuner ; à quatre heures le goûter, et le soir :

le potage ●
le déjeuner du soir ▲
le dîner ■

Quel mois est symbolisé par le dessin ?

avril ●
décembre ▲
août ■

Quels vêtements appartiennent au Père Noël ? Il y a 5 bonnes réponses.

Retrouve les 3 animaux qui servaient couramment autrefois à tirer charrettes et charrues.

Quelle danseuse espagnole répond au portrait suivant : chevelure brune, robe rouge à pois noirs, fleur jaune dans les cheveux, éventail multicolore, castagnettes dans les mains.

Tous ces ustensiles servent à faire cuire, sauf un. Lequel ?

Quel est l'intrus ?

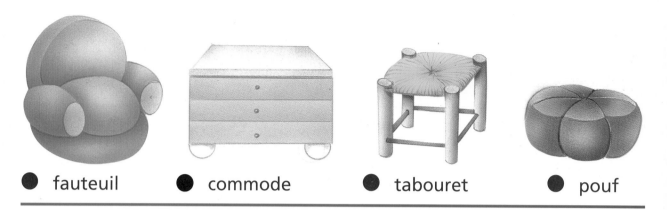

● fauteuil ● commode ● tabouret ● pouf

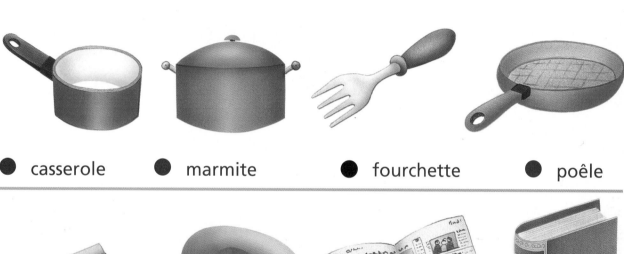

● casserole ● marmite ● fourchette ● poêle

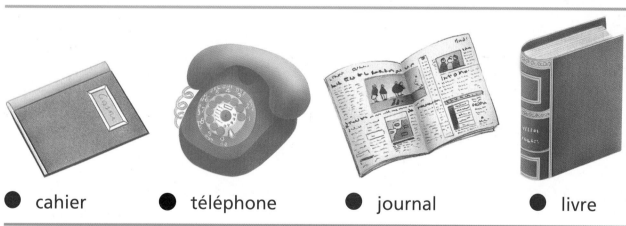

● cahier ● téléphone ● journal ● livre

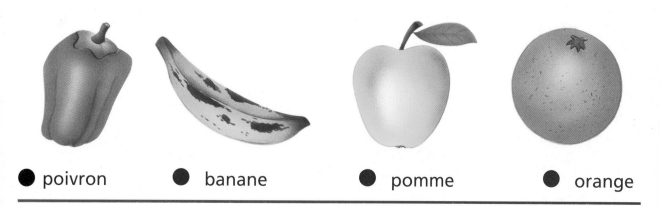

● poivron ● banane ● pomme ● orange

Quel objet appartient à chacun des personnages cités ?

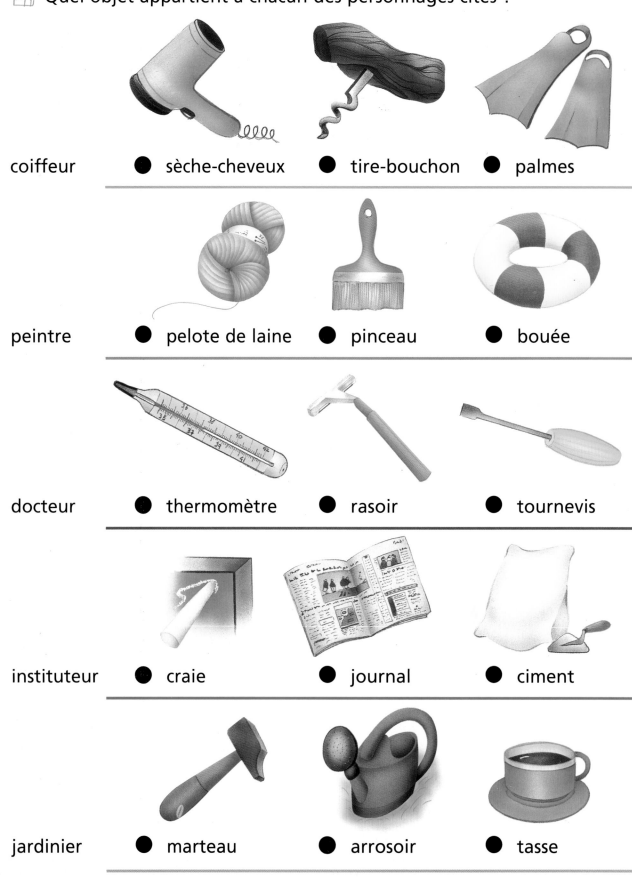

coiffeur ● sèche-cheveux ● tire-bouchon ● palmes

peintre ● pelote de laine ● pinceau ● bouée

docteur ● thermomètre ● rasoir ● tournevis

instituteur ● craie ● journal ● ciment

jardinier ● marteau ● arrosoir ● tasse

Retrouve les accessoires qui n'appartiennent pas au Père Noël. Il y a 2 bonnes réponses.

Associe chaque roi à sa reine en fonction des couronnes. Pour chaque reine, tu pointes le symbole correspondant à celui du roi.

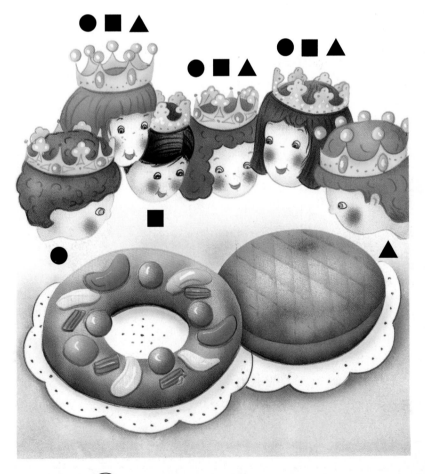

🏠 Parmi ces 6 personnages, repère le fermier.

🏠 Retrouve les objets qui appartiennent au bébé. Il y a 4 bonnes réponses.

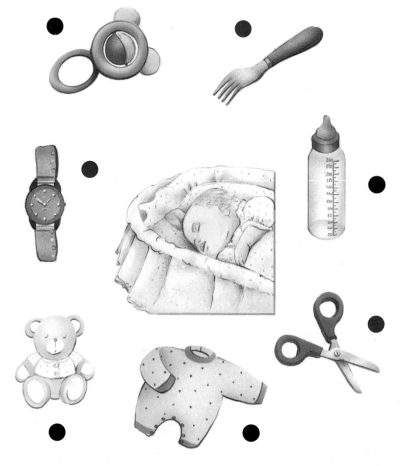

Certains objets sont anciens (●), d'autres sont récents (■). Pointe, pour chaque objet, le symbole qui convient.

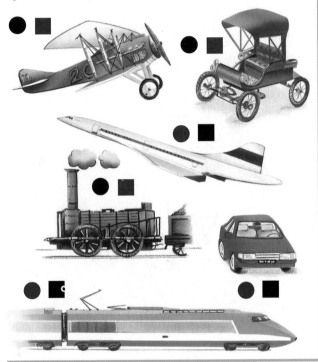

C'est l'agriculteur qui cultive le blé destiné à faire de la farine. Le boulanger fabrique le pain. Mais qui moud le grain ?

le boucher ●
le farinier ▲
le meunier ■

Avant l'installation de l'électricité dans les villes, l'éclairage des rues était assuré par l'allumeur de réverbères qui, chaque soir, enflammait des becs qui marchaient :

au gaz ●
à la bougie ▲
à l'huile ■

Tous les métiers ne sont pas apparus en même temps. Ainsi, autrefois, chaque village possédait un four public où chaque famille pouvait cuire son :

pain ●
lait ▲
repas ■

Les métiers disparus font l'objet de recherches historiques sur les coutumes, le savoir technique et les conditions de vie d'un peuple à une époque donnée. C'est l'un des domaines étudiés par :

le juriste ●
le spéléologue ▲
l'historien ■

Les militaires, les policiers et les gardiens assurent des services de protection et de défense de la population. Ils doivent être facilement reconnaissables. C'est pourquoi ils portent :

des képis ●
des uniformes ▲
des épaulettes ■

L'ingénieur agronome travaille au meilleur rendement des récoltes et à l'amélioration des terres cultivables. Il est donc spécialisé dans :

l'agriculture ●
le commerce ▲
la politique ■

Retrouve sur le motif en pointillés l'emplacement de chaque partie de la maison en pointant les symboles correspondants.

A. ● ▲ ■ ★ ▼

B. ● ▲ ■ ★ ▼

C. ● ▲ ■ ★ ▼

D. ● ▲ ■ ★ ▼

E. ● ▲ ■ ★ ▼

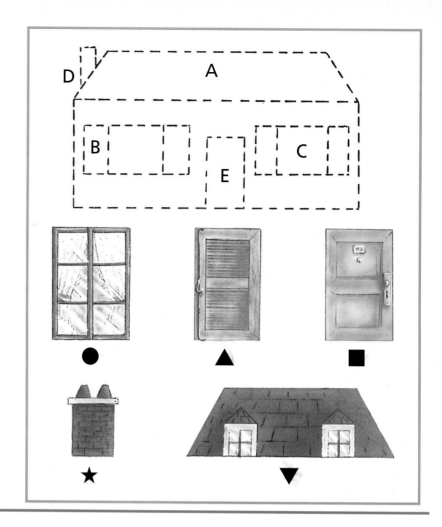

Quelles personnes travaillent dans un magasin ?

A. ● le boulanger

B. ● le boucher

C. ● le libraire

D. ● le facteur

Observe bien la table du goûter d'anniversaire. Il manque 3 éléments au couvert. Retrouve-les.

Il manque un morceau au puzzle : lequel ?

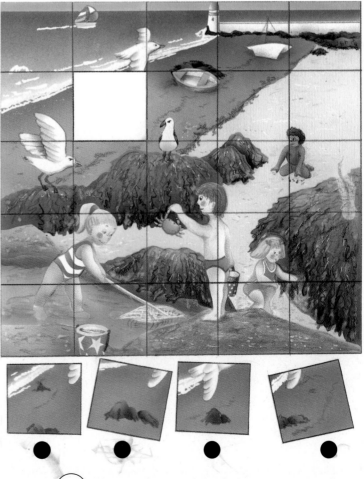

Terre ●, mer ▲ ou air ■ ?

● ▲ ■

● ▲ ■

 ● ▲ ■

● ▲ ■

● ▲ ■

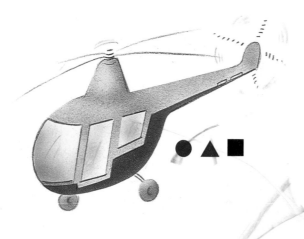

● ▲ ■

● ▲ ■

● ▲ ■

108

Quels objets utilisent les 3 personnages ?

A. ● ▲ ■
B. ● ▲ ■
C. ● ▲ ■
D. ● ▲ ■
E. ● ▲ ■
F. ● ▲ ■
G. ● ▲ ■
H. ● ▲ ■
I. ● ▲ ■

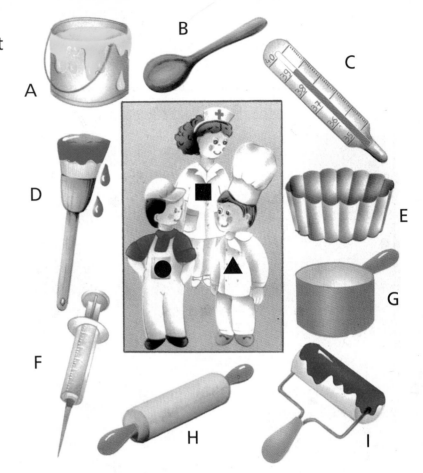

A
B
C
D
E
F
G
H
I

Compare la voiture au départ et à l'arrivée : quels objets ont été perdus en route ? Il y a 2 bonnes réponses.

 Le maraîcher est à la fois jardinier et commerçant puisqu'il vend les fruits et légumes qu'il cultive le plus souvent à l'intérieur de :

tentes ●
serres ▲
corridors ■

 L'apiculteur, qui s'occupe des ruches, doit enfumer les essaims d'abeilles avant de récolter le miel, ce qui lui permet de :

tuer les abeilles ●
donner du goût au miel ▲
ne pas être piqué ■

 A la frontière entre 2 pays, des personnes contrôlent les marchandises et les gens qui circulent. Il s'agit des :

douaniers ●
surveilleurs ▲
inquisiteurs ■

 Auparavant, une fois les céréales moissonnées grâce à la faucille et mises en gerbes, venait le temps du battage pour séparer :

les épis ●
les grains ▲
les insectes ■

 Grâce aux astronautes, la recherche spatiale a énormément progressé. Dans l'espace, ils réparent des machines comme les satellites qui tournent autour de la Terre. On les appelle aussi des :

cosmonautes ●
navettes ▲
cielonautes ■

 Le tailleur, comme la couturière, confectionne les habits sur mesure pour le client, à la main ou à la machine. Que fait la modiste ?

des manteaux ●
des chapeaux ▲
des gants ■

 Aujourd'hui presque tous les métiers sont ouverts aux femmes. Certains noms n'ont pourtant pas de féminin. C'est le cas de :

agriculteur ●
acteur ▲
écrivain ■

A quelle catégorie chaque élément appartient-il ?

sandales   ● vêtements   ● friandises   ● oiseaux

pamplemousse   ● objets   ● fruits   ● outils

ballon   ● animaux   ● vêtements   ● jouets

guêpe   ● insectes   ● fruits   ● oiseaux

stylo bille   ● jeux   ● objets   ● plantes

Que manque-t-il au couvert ? Il y a une bonne réponse.

Dans cette ferme en bois, combien y a-t-il de poules, vaches, chevaux et cochons ?

poules
4 ● 5 ● 6 ●

vaches
3 ● 4 ● 5 ●

chevaux
3 ● 4 ● 5 ●

cochons
4 ● 5 ● 6 ●

🏠 Remets les images dans l'ordre. Sous l'image du chalutier qui sort du port, pointe la pastille n°1 ; continue avec les autres images.

A. 1● 2● 3● 4●

B. 1● 2● 3● 4●

C. 1● 2● 3● 4●

D. 1● 2● 3● 4●

A

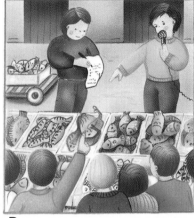

B

C

D

🏠 Observe attentivement la première scène, puis la seconde. Combien d'erreurs se sont glissées dans la seconde image ?

6 ● 7 ● 8 ● 9 ●

Quel est le plus court chemin jusqu'à la cheminée ?

Dans quelle scène une erreur s'est-elle glissée ?

Quel est l'intrus ?

● gilet ● jupe ● foulard ● panier

   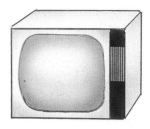

● téléphone ● journal ● radio ● télévision

● bébé ● biberon ● tracteur ● bavoir

● fraise ● vase ● fourchette ● bouée

● poisson ● canari ● papillon ● mouche

Pour connaître le cadeau de Mélanie, suis le parcours en partant du portrait de la petite fille.

Quel cadeau se trouve tout seul ?

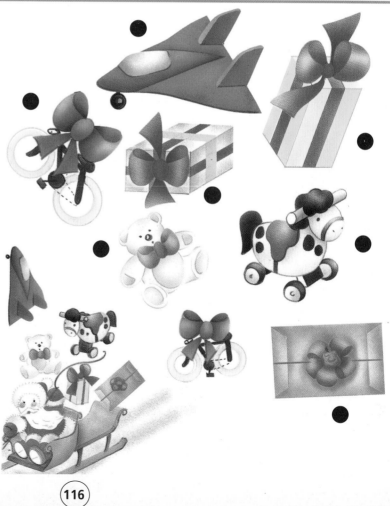

Combien y a-t-il de glaces, de barbes à papa, de pommes d'amour et de sucres d'orge ?

3●	1●	4●	3●
4●	2●	5●	4●
5●	3●	6●	5●

Retrouve le potiron décoré qui est identique au premier.

Retrouve le seul sapin de Noël identique à celui qui se trouve au centre.

Tous les œufs vont par deux, sauf un : lequel ?

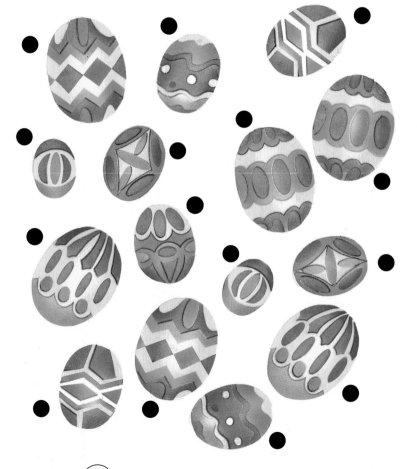

Associe chaque artiste du cirque avec l'accessoire dont il se sert.

Retrouve les 3
musiciens qui ont
une attitude bizarre.

Retrouve dans quelle
pièce de la maison se
trouvent les objets.

A. ● ■ ★ ▲

B. ● ■ ★ ▲

C. ● ■ ★ ▲

D. ● ■ ★ ▲

E. ● ■ ★ ▲

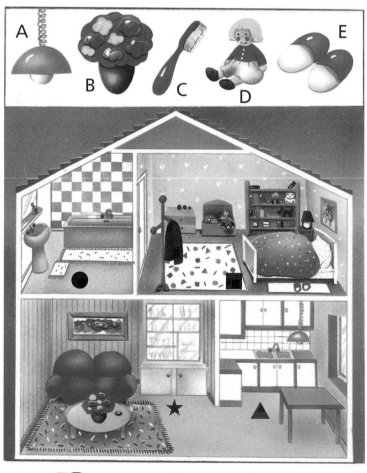

L nture

Compte les feuilles qui s'envolent de chaque arbre.

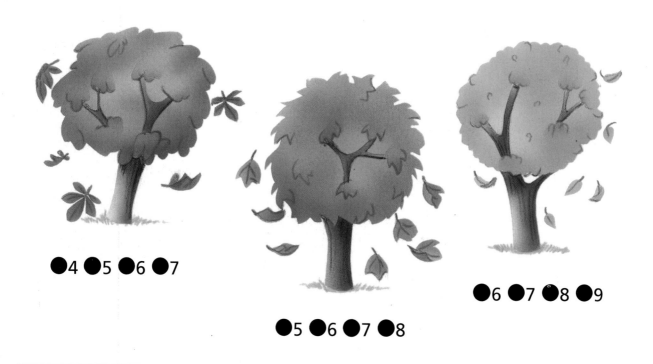

●4 ●5 ●6 ●7

●6 ●7 ●8 ●9

●5 ●6 ●7 ●8

Retrouve d'abord l'image où le soleil est derrière les nuages ; puis l'image où le nuage gris est devant les nuages blancs.

Parmi ces animaux, 3 vivent dans l'eau. Lesquels ?

Désigne les 3 animaux qui vivent dans l'eau mais qui ne sont pas des poissons.

Compte le nombre d'animaux qui figurent sur le dessin.

7 ●   8 ●   9 ●

Observe bien les animaux, puis désigne celui qui n'est pas un oiseau.

Remets dans l'ordre la série des feuilles d'érable. Pointe la pastille n°1 pour la feuille verte et ainsi de suite jusqu'à la feuille morte.

A. 1● 2● 3● 4● 5●

B. 1● 2● 3● 4● 5●

C. 1● 2● 3● 4● 5●

D. 1● 2● 3● 4● 5●

E. 1● 2● 3● 4● 5●

Pointe les 3 plantes qui fleurissent au printemps.

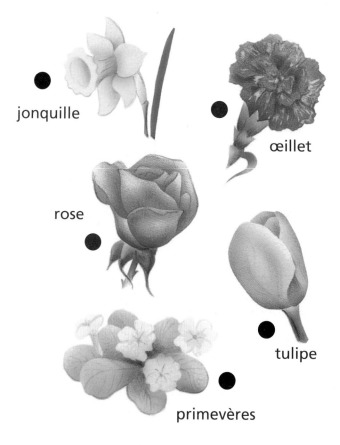

● jonquille

● œillet

rose ●

● tulipe

● primevères

Quel est l'intrus ?

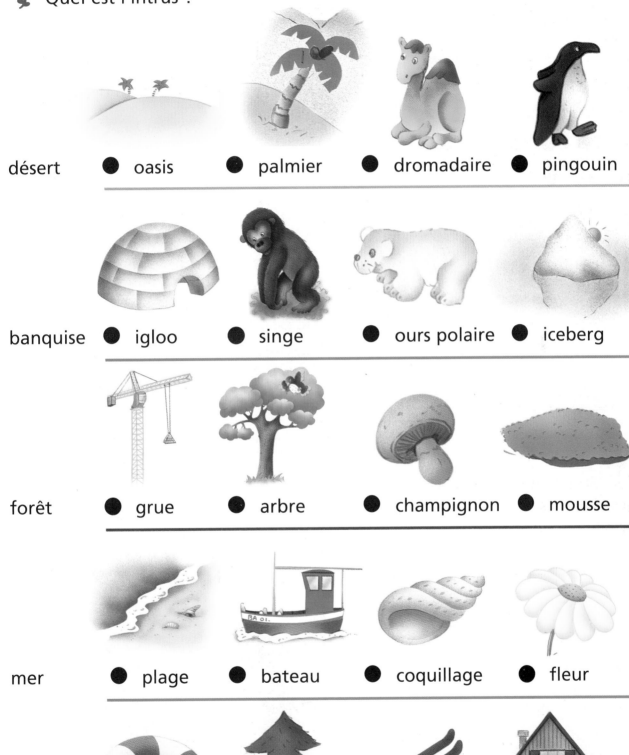

désert ● oasis ● palmier ● dromadaire ● pingouin

banquise ● igloo ● singe ● ours polaire ● iceberg

forêt ● grue ● arbre ● champignon ● mousse

mer ● plage ● bateau ● coquillage ● fleur

montagne ● bouée ● sapin ● skis ● chalet

Y a-t-il autant de grenouilles que de canards ?

oui ●   non ■

Le printemps est une période très active pour les cultivateurs. La neige fondue, on laboure la terre avant de semer les graines. Pour l'enrichir, on y répand du fumier ou :

des pesticides   ●
des vitamines   ▲
de l'engrais   ■

Le givre se forme lorsque de la vapeur d'eau rencontre une surface froide. En hiver, on en trouve à l'extérieur des fenêtres ou sur les branches des arbres. De quelle couleur est-il ?

gris   ●
blanc   ▲
vert   ■

La pomme de pin est très sensible à l'humidité de l'air. Elle ouvre ses écailles lorsque le temps est :

sec   ●
humide   ▲
orageux   ■

La lumière du Soleil peut prendre différentes couleurs, suivant qu'elle est diffusée par l'atmosphère ou filtrée par les nuages. Un coucher de soleil rouge signifie qu'il va faire beau car :

on ne voit pas la Lune   ●
il y a beaucoup de nuages   ▲
il n'y a pas de nuages   ■

Associe à chaque animal la zone géographique dans laquelle il vit :

savane ●   pôles ■

● ■   ● ■

Repère le terrain où, au printemps, la petite poule a semé trois grains de blé.

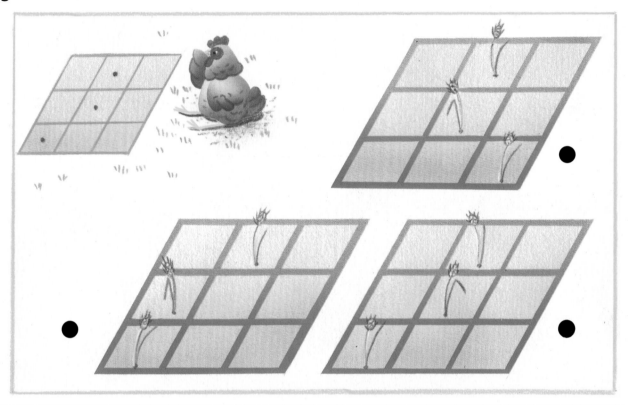

 Retrouve l'empreinte de chaque animal de la ferme.

la nature

127

Retrouve les feuilles qui restent vertes même en hiver. Il y a 2 bonnes réponses.

A. ● pin

B. ● bouleau

C. ● houx

D. ● marronnier

E. ● érable

F. ● sorbier

G. ● chêne

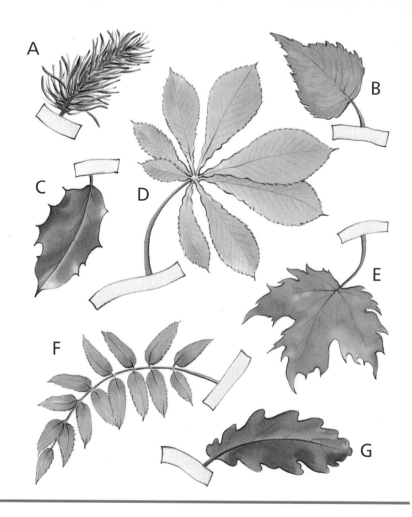

Retrouve les images qui représentent un danger pour la mer. Il y a 3 bonnes réponses.

Retrouve à quelle saison chacune de ces photos a été prise en pointant le bon symbole.

hiver ● printemps ▲ été ■ automne ★

A. ● ▲ ■ ★

B. ● ▲ ■ ★

C. ● ▲ ■ ★

D. ● ▲ ■ ★

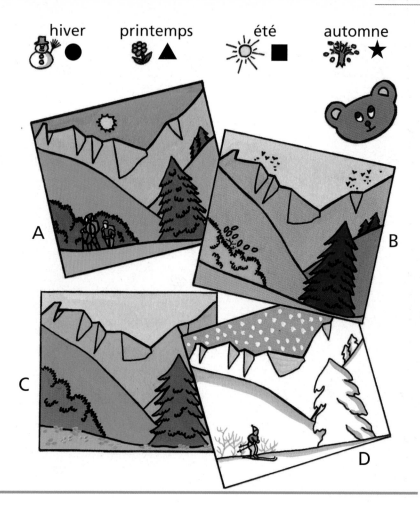

Retrouve les 2 plantes qui poussent sur les arbres morts.

A. ● fougères

B. ● mousse

C. ● gui

D. ● fraises des bois

E. ● champignons

F. ● muguet

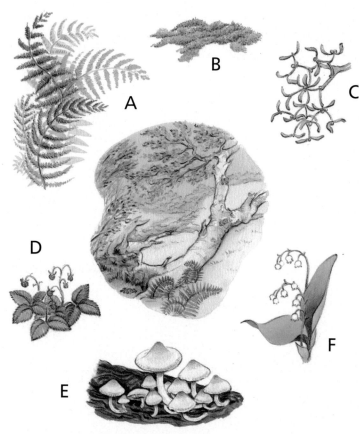

Retrouve ce qui représente un danger pour la forêt. Il y a 3 bonnes réponses.

Observe les 4 rondes d'arbres. A chaque fois, retrouve la saison qui n'est pas représentée.

Les rongeurs ont une dentition adaptée à leur régime alimentaire. Ils n'ont pas de canines (pour broyer) mais des incisives pour couper. Celles-ci ont la particularité de :

toujours pousser ●
tomber et repousser ▲
s'user vite ■

Les herbivores possèdent aussi des incisives particulières. Elles sont disposées en ciseaux et leur bord est coupant. On les nomme :

plateaux ●
pinces ▲
trancheurs ■

 Parmi les différentes races de mouton, l'une d'elles, élevée surtout en Espagne, le mérinos, est particulièrement connue pour :

sa viande ●
sa laine ▲
son cuir ■

La peau du cochon est recouverte de poils durs, qui servent surtout à fabriquer des brosses. Ces poils portent le nom de :

soies ●
fourrure ▲
duvet ■

 Le cochon est un animal dont les pattes sont dotées de sabots. Il possède un nombre de doigts pair. Il appartient à la catégorie des :

sabotés ●
saboteurs ▲
ongulés ■

Comme les autres animaux, le chien a d'abord été chassé par l'homme avant d'être domestiqué. Il fut alors utilisé pour :

la garde ●
la chasse ▲
la religion ■

 En Europe, les premières peintures représentant des chevaux furent trouvées dans des grottes préhistoriques. A cette époque (15 000 ans av. J.-C.), les chevaux étaient :

sacrés ●
chassés ▲
élevés ■

 Certains chiens, comme Lassie ou Rintintin, sont devenus célèbres car ils sont des héros de films ou de livres. Comment s'appelle le chien dans Lucky Luke ?

Rantanplan ●
Fidèle ▲
Idefix ■

Quels animaux et quelles plantes se cachent dans cette forêt d'automne ? Il y a 5 bonnes réponses.

Compare les 2 dessins. Dans le second dessin, 4 éléments ont été déplacés par le vent. Retrouve-les.

Les 6 images sont dans le désordre. A toi de les remettre dans le bon ordre en commençant par l'image D.

A.
1● 2● 3● 4● 5● 6●

B.
1● 2● 3● 4● 5● 6●

C.
1● 2● 3● 4● 5● 6●

D.
1● 2● 3● 4● 5● 6●

E.
1● 2● 3● 4● 5● 6●

F.
1● 2● 3● 4● 5● 6●

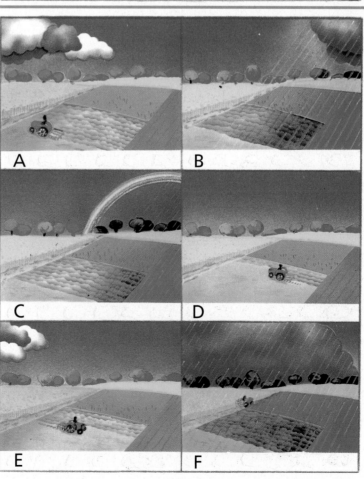

Retrouve les 2 champignons qui sont dangereux.

A. ● morille

B. ● trompette de la mort

C. ● cèpe

D. ● chanterelle

E. ● amanite phalloïde

F. ● amanite tue-mouches

G. ● champignon de Paris

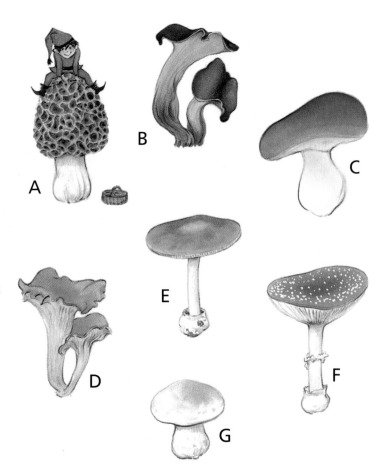

Quels sont les 3 coquillages qui figurent en un seul exemplaire ?

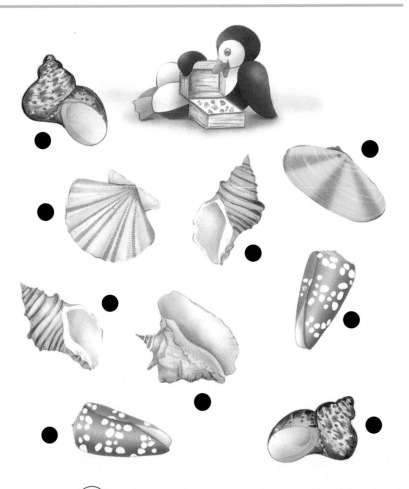

Parmi ces 7 plantes, quelles sont les 4 qui font des fleurs ?

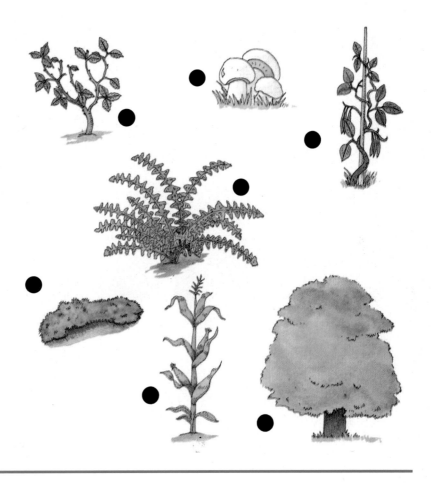

Pointe les 3 arbres qui perdent leurs feuilles en hiver.

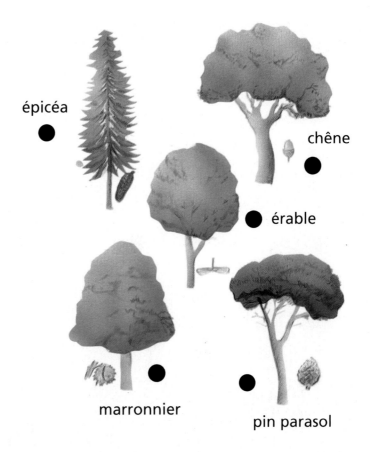

épicéa

chêne

érable

marronnier

pin parasol

Repère les 3 plantes qui ne possèdent pas de fleurs.

Lequel de ces 4 dessins représente un paysage d'automne ?

En automne, la plupart des arbres et des buissons perdent leurs feuilles, mais il y en a 2 qui restent verts pendant tout l'hiver. Retrouve-les.

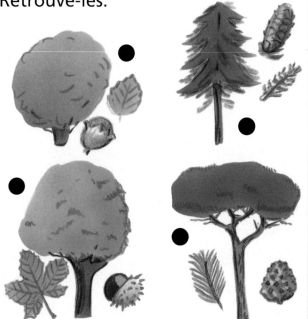

On rencontre le hamster à l'état sauvage en Europe de l'Est. En appartement, il a conservé la même habitude que dans son milieu naturel :

il hiberne ●
il stocke de la nourriture ▲
il aboie ■

Les rongeurs sont des herbivores : leur alimentation se compose essentiellement de légumes, d'herbes et de graines. C'est également le cas des :

ruminants ●
porcs ▲
oiseaux ■

Observe bien les outils du jardinier : un intrus s'est glissé parmi eux. Retrouve-le.

Ces 5 dessins évoquent la transformation de la fleur capucine en fruit : remets-les dans l'ordre. Sous le dessin correspondant à la première étape, tu pointes la pastille n°1, etc.

A. 1● 2● 3● 4● 5●

B. 1● 2● 3● 4● 5●

C. 1● 2● 3● 4● 5●

D. 1● 2● 3● 4● 5●

E. 1● 2● 3● 4● 5●

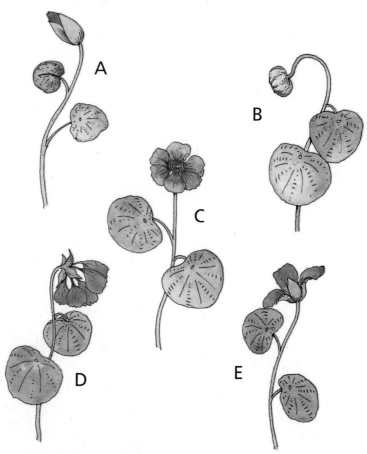

Retrouve ce que tu vois sous le sol de la forêt. Il y a 5 bonnes réponses.

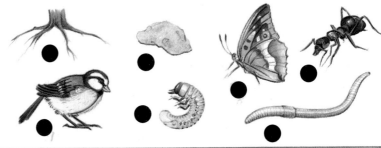

Retrouve ce qu'il est permis de faire dans la forêt (●) et ce qui est interdit (■). Dans chaque image, choisis le bon symbole.

Retrouve les paysages de mer. Il y a 3 bonnes réponses.

Retrouve les animaux qui vivent à la mer (●) et ceux qui vivent à la montagne (■).

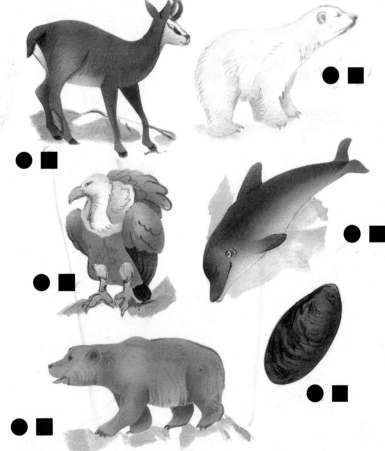

Ce sont surtout les chats mâles qui marquent leur territoire. Ils le font avec leurs griffes, mais aussi et surtout avec :

leurs poils ●
leurs dents ▲
leur urine ■

 Les souris ont des petits toute l'année. Une seule souris peut donner naissance à 5 ou 10 portées par an comprenant chacune 4 à 8 petits, qui sont appelés :

souriceaux ●
souricières ▲
grisouris ■

 Les races de chevaux sont divisées en 2 grandes catégories : les chevaux de selle et les chevaux de trait. Le jeune cheval mâle est appelé poulain, la jeune femelle :

poulaine ●
pouliche ▲
jument ■

 Tout animal s'adapte à son environnement. Dans les déserts brûlants, certains peuvent rester sans boire pendant plusieurs semaines. C'est le cas :

du dromadaire ●
de l'éléphant ▲
de la girafe ■

 Les mammifères femelles ont des mamelles pour allaiter les petits. Comment appelle-t-on le petit du lapin ?

lapereau ●
lapineau ▲
lapinet ■

 Grâce aux animaux, nous avons de la nourriture (miel, œuf, viande). Ils nous procurent aussi de quoi fabriquer des objets et des vêtements. Ainsi le cuir de la vache, et la laine qui vient du dos des :

cochons ●
moutons ▲
chèvres ■

 Au bord des rivières, les castors construisent de très solides barrages qui délimitent leur territoire. Puis ils bâtissent des huttes de branchages au milieu de l'eau. Pour cela, ils scient les arbres avec :

leur queue ●
leurs dents ▲
leurs griffes ■

 Le lion possède, autour du cou, une belle touffe de poils qui compose sa crinière. Quel autre animal possède une crinière longue et soyeuse sur le cou ?

la girafe ●
le cheval ▲
le chat ■

En partant du point indiqué, retrouve le chemin le plus court pour sortir de la fourmilière.

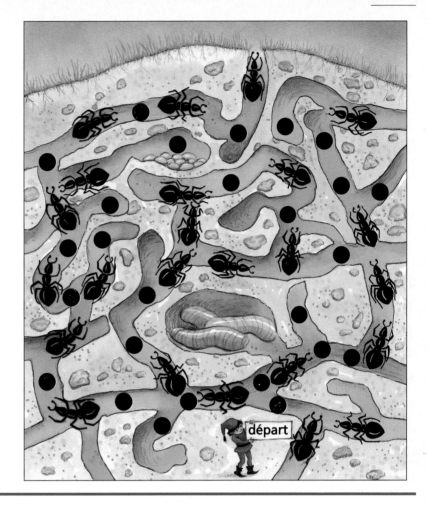

Chaque animal émet un son particulier que l'on peut imiter. Redonne à chaque animal le son qui lui appartient.

● meuh
● cocorico

● coa-coa
● can-can

● hi-han
● woua-woua

● meuh
● bêêê

● miaou
● piou-piou

● cou-cou
● coin-coin

141

✿ Retrouve les animaux qui font partie généralement de la crèche de Noël. Il y a 3 bonnes réponses.

✿ Retrouve les 2 animaux qui dorment pendant l'hiver.

A. ● aigle

B. ● vipère

C. ● bouquetin

D. ● lièvre variable

E. ● marmotte

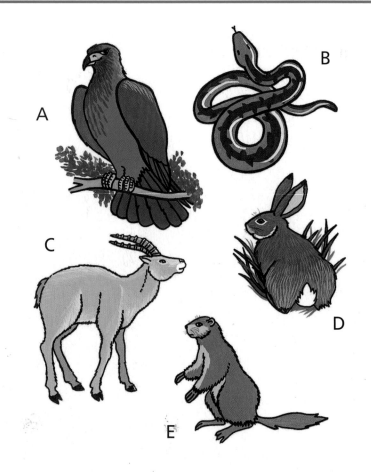

✿ Retrouve les animaux qui vivent dans nos montagnes. Il y a 4 bonnes réponses.

A. ⚫ vipère

B. ⚫ panda

C. ⚫ bouquetin

D. ⚫ puma

E. ⚫ chamois

F. ⚫ marmotte

G. ⚫ gorille

✿ Retrouve les animaux à 2 pattes. Pointe les pastilles noires près des animaux : il y a 3 bonnes réponses.

La naissance des insectes se fait en deux temps. Tout d'abord, la femelle pond des œufs. De ces œufs sortent des chenilles. Une fois adulte, la chenille tisse un cocon et, au bout de quelques jours, l'animal définitif sort du cocon. Mouches et papillons naissent ainsi. Quel est le nombre de papillons représentés ?

2 ● 5 ■ 6 ▲

Les saisons se succèdent dans un ordre bien précis. Remets dans l'ordre les saisons en commençant par le printemps.

1● 2● 3● 4●   1● 2● 3● 4●

1● 2● 3● 4●   1● 2● 3● 4●

On distingue dans le monde ce qui est vivant de l'inanimé. Les personnes, les animaux et les plantes sont des êtres vivants, tandis que les objets sont des choses inanimées. Parmi les vignettes, choisis ce qui est vivant (●) et ce qui est inanimé (■).

Dans les rivières, les lacs et les mers on trouve des animaux mais aussi des plantes. Ces plantes sont aquatiques. Désigne les 3 plantes aquatiques.

Désigne les animaux qui sont à l'intérieur de leur maison (●) et ceux qui se trouvent à l'extérieur (■).

Retrouve les 2 animaux qui mangent uniquement des plantes.

A. ● blaireau

B. ● écureuil

C. ● mésange

D. ● chenille

E. ● cerf

F. ● renard

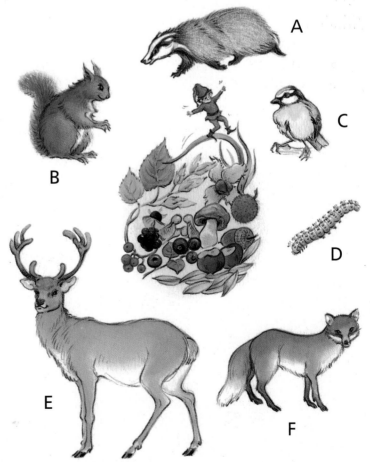

Retrouve le bon symbole pour chaque élément :
neige ● soleil ■ pluie ▲

Retrouve, parmi ces animaux de montagne, ceux qui changent de couleur en hiver. Il y a 3 bonnes réponses.

A. ● hermine

B. ● faucon

C. ● marmotte

D. ● perdrix des neiges

E. ● épervier

F. ● lièvre variable

Retrouve les 3 oiseaux qui vivent en montagne.

A. ● mouette

B. ● perdrix des neiges

C. ● perroquet

D. ● vautour

E. ● aigle

F. ● paon

147

A quel animal appartient cette maison ?

A. ● loutre

B. ● écrevisse

C. ● héron cendré

D. ● truite

E. ● castor

Remets les images dans l'ordre. Pour l'image des œufs de grenouille, pointe la pastille n°1. Continue jusqu'à la grenouille adulte.

A. 1● 2● 3● 4● 5●

B. 1● 2● 3● 4● 5●

C. 1● 2● 3● 4● 5●

D. 1● 2● 3● 4● 5●

E. 1● 2● 3● 4● 5●

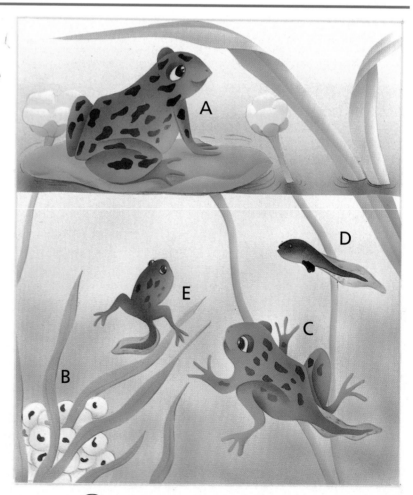

148

✿ Repère la sœur jumelle de la petite poule rouge sur le tas de paille.

✿ Les six images te racontent la vie d'une poule. Remets-les dans le bon ordre. L' image D correspond à la première étape.

A. 1● 2● 3● 4● 5● 6●

B. 1● 2● 3● 4● 5● 6●

C. 1● 2● 3● 4● 5● 6●

D. 1● 2● 3● 4● 5● 6●

E. 1● 2● 3● 4● 5● 6●

F. 1● 2● 3● 4● 5● 6●

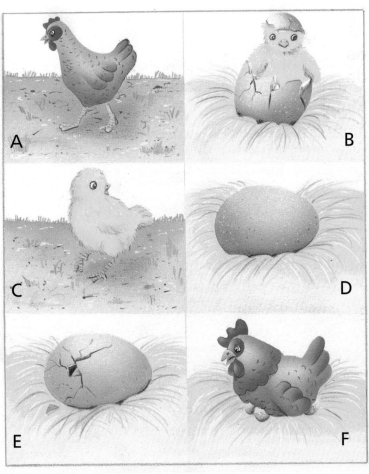

Comme le hamster, le cobaye domestique est un petit rongeur. Le cobaye est aussi appelé :

rat d'Amérique ●
cochon d'Inde ▲
souris des Antilles ■

 La plupart des mammifères cajolent leurs petits. Les chatons, pour exprimer leur satisfaction, émettent un petit bruit de moteur. On dit qu'ils :

ronronnent ●
roucoulent ▲
ronchonnent ■

 Lors d'une averse, lorsque la lumière du Soleil traverse les gouttes de pluie, elle se décompose en sept couleurs et forme dans le ciel :

un arc-en-ciel ●
une tornade ▲
une spirale ■

 Chaque animal a un cri bien particulier. Le chien aboie, le chat miaule, la poule caquette et le cheval :

rugit ●
hennit ▲
éternue ■

 Autrefois, les hommes abattaient les arbres à la force de leurs poignets, avec une hache. Maintenant, ils utilisent des tronçonneuses électriques. Ces travailleurs ont pour nom :

bûcherons ●
contremaîtres ▲
agriculteurs ■

 Le sable est formé de minuscules morceaux de minéraux arrachés aux roches par l'action de l'eau ou du vent. La nature de ces minéraux (quartz, argile) peut expliquer les différences de :

poids ●
forme ▲
couleur ■

 La Terre compte 5 continents. Certains pays comme le Japon, l'Australie ou Madagascar ne sont pas rattachés à un continent mais entourés d'eau. Ces pays sont :

des déserts ●
des volcans ▲
des îles ■

 De nos jours, les agriculteurs sont aidés dans leurs travaux par de grosses machines. Grâce aux moissonneuses-batteuses, qui récoltent automatiquement, ils n'ont plus besoin :

du moulin ●
de la faucille ▲
de la meule ■

Combien de crocodiles comptes-tu dans ce paysage ? Pointe le bon nombre.

4 ● 5 ● 6 ● 7 ●

Ces animaux vivent-ils dans l'air, dans l'eau ou sur terre ? Choisis le bon symbole.

● air

▲ eau

■ terre

D'où provient chaque élément ?

● poisson

■ oiseau

Quel est le régime alimentaire de ces 6 animaux ? Choisis pour chacun d'eux le symbole correspondant au "menu" de leurs repas. Attention, l'un de ces animaux a un régime mixte !

A. ● ▲ ■ mésange
B. ● ▲ ■ hérisson
C. ● ▲ ■ mulot
D. ● ▲ ■ chenille
E. ● ▲ ■ lapin de garenne
F. ● ▲ ■ chouette

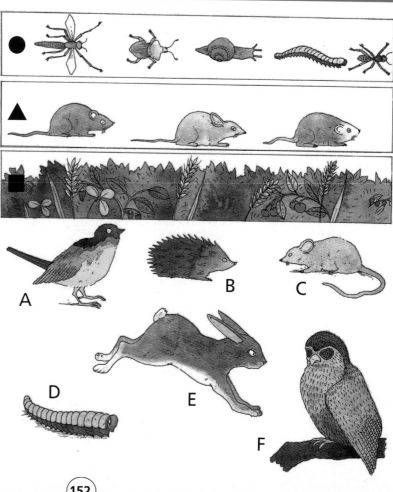

Quelle est la nourriture de chaque animal ?

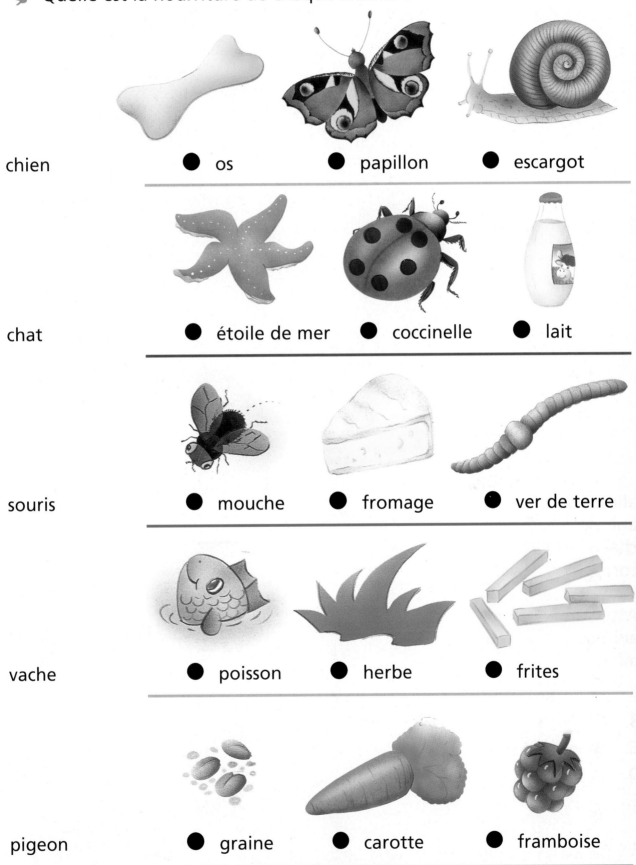

chien
- os
- papillon
- escargot

chat
- étoile de mer
- coccinelle
- lait

souris
- mouche
- fromage
- ver de terre

vache
- poisson
- herbe
- frites

pigeon
- graine
- carotte
- framboise

Repère les 3 indices qui signalent le passage récent d'un écureuil dans cette clairière.

Retrouve les 5 animaux qui existent réellement dans cette série d'animaux ?

A. ● oiseau de paradis

B. ● sphinx

C. ● iguane

D. ● okapi

E. ● licorne

F. ● pieuvre

G. ● dragon

H. ● salamandre

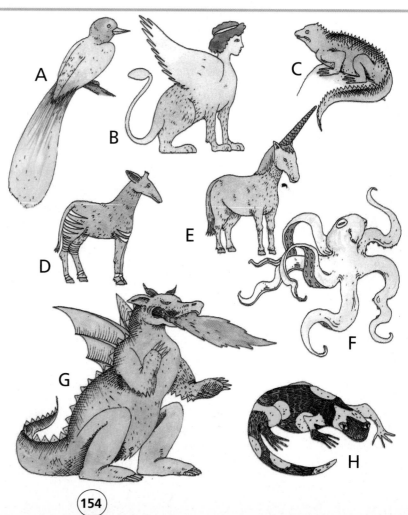

154

Reconstitue le bond d'un kangourou et le mouvement d'ondulation du serpent. Chaque mouvement est décomposé en 4 images.

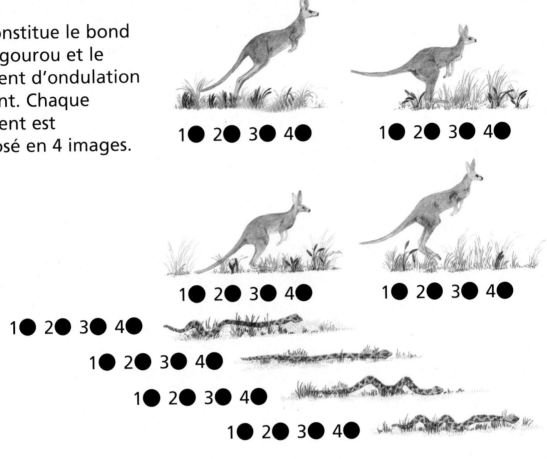

1● 2● 3● 4●   1● 2● 3● 4●

1● 2● 3● 4●   1● 2● 3● 4●

1● 2● 3● 4●

1● 2● 3● 4●

1● 2● 3● 4●

1● 2● 3● 4●

Quels animaux ont laissé leur trace dans la neige ? Pointe le symbole situé sous la bonne empreinte.

●▲■▼   ●▲■▼   ●▲■▼   ●▲■▼

Certains animaux hibernent pendant tout l'hiver. Ils se mettent à l'abri, la température de leur corps baisse et ils dorment jusqu'aux beaux jours. Parmi les animaux représentés, pointe les 2 qui n'hibernent pas.

Le plus grand oiseau actuel est l'autruche avec une taille supérieure à 2,50 m. Mais c'est l'albatros hurleur qui a la plus grande envergure (ailes déployées) avec :

1 m	●
3,60 m	▲
6,20 m	■

Certains animaux aiment sortir après la pluie. Quel petit animal, que l'on cuisine parfois avec du beurre et du persil, peut-on ramasser dans l'herbe mouillée ?

la grenouille	●
la sauterelle	▲
l'escargot	■

La nature se transforme au fil des saisons. Elle s'endort en automne et se réveille au printemps. Dans les bois, les perce-neige sont les premiers à apparaître. Il s'agit :

de fleurs	●
de champignons	▲
d'arbres	■

Les racines permettent à la plante de tenir dans le sol, de se nourrir et de stocker des réserves. L'arbre ayant les plus grandes racines est le figuier tropical avec une profondeur de :

10 m	●
60 m	▲
120 m	■

La plupart des animaux se reproduisent soit en pondant des œufs, comme la poule, soit en donnant naissance à un petit déjà formé qui s'est développé dans le ventre maternel, comme la chatte ou la jument. Pointe les 3 animaux qui ne pondent pas d'œufs.

Quels animaux vivent la nuit ? Il y a 3 bonnes réponses.

A. ● hibou

B. ● souris

C. ● buse

D. ● vulcain

E. ● belle-dame

F. ● lièvre

G. ● loir

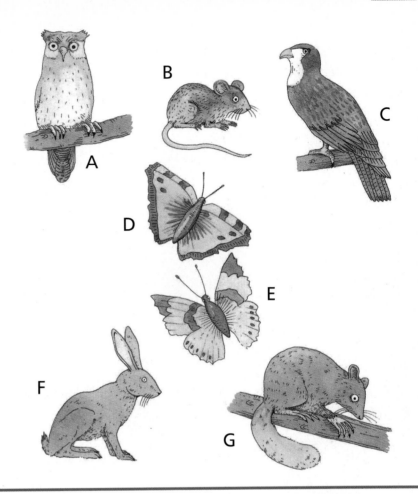

Découvre les 4 plantes qu'on appelle des céréales.

blé

pomme de terre

avoine

tournesol

riz

maïs

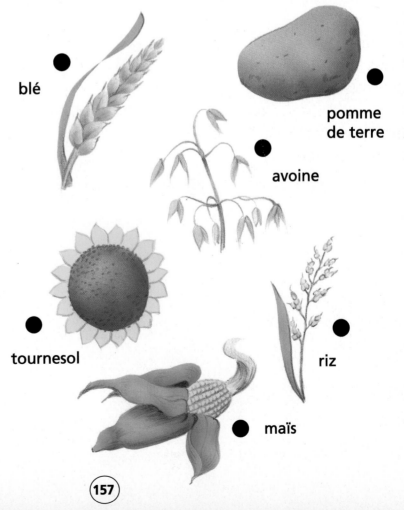

Suis le chemin qui passe par les plantes et les animaux de mer. Tu pars du maquereau (en haut à gauche) et tu dois arriver à la sole (en bas à droite). Tu passes par 7 cases en tout.

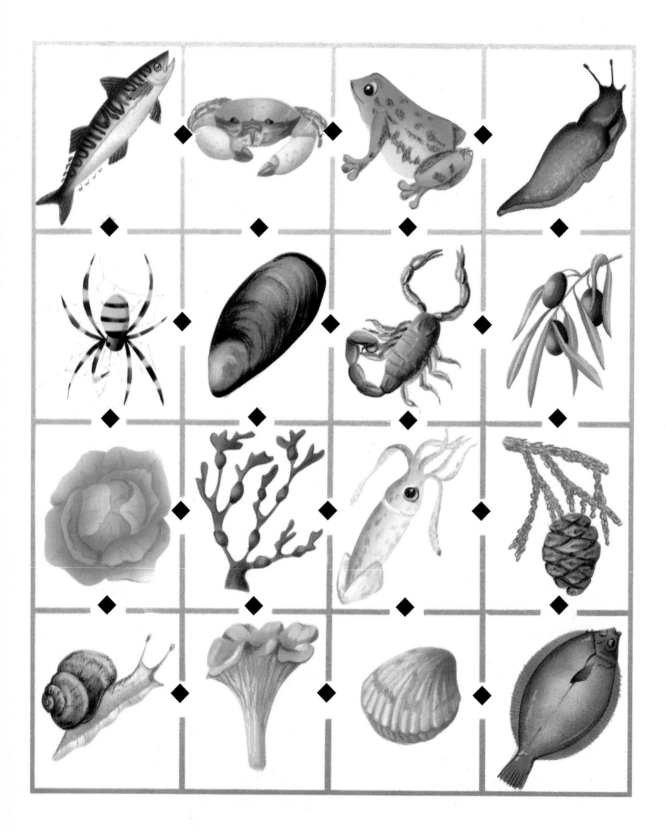

Repère les 3 images que l'on peut associer au cheval.

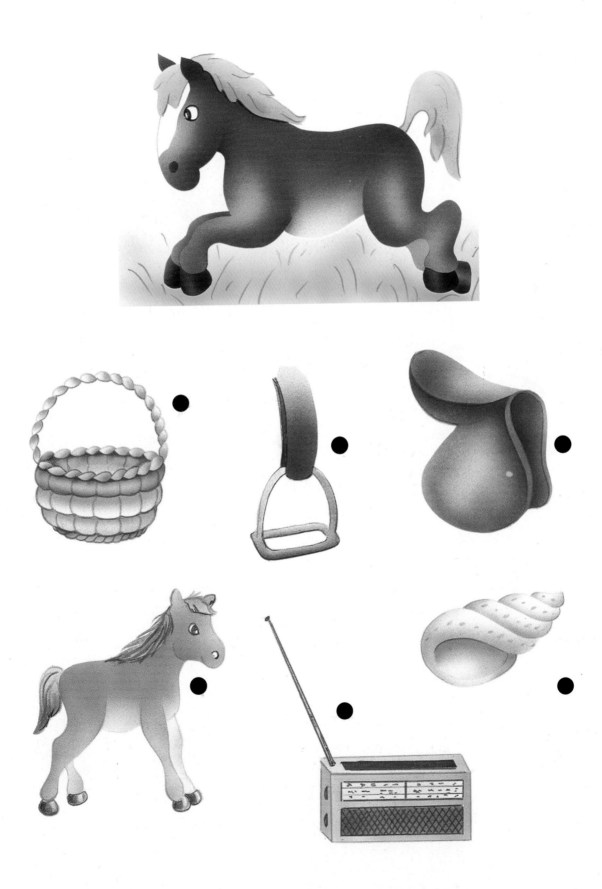

Imprimé en Italie par G. Canale & C. S.p.A. - Borgaro T.se - TURIN